冯天瑜　姚伟钧　主编

武　术
WUSHU

周伟良　著

长春出版社
国家一级出版社
全国百佳图书出版单位

图书在版编目（CIP）数据

武术 / 周伟良著. — 长春：长春出版社，2016.12（2020.1重印）

（中华文化元素丛书 / 冯天瑜，姚伟钧主编）

ISBN 978-7-5445-4682-9

Ⅰ.①武… Ⅱ.①周… Ⅲ.①武术－体育文化－中国 Ⅳ.①G852

中国版本图书馆CIP数据核字（2016）第282216号

武　术

著　　者：	周伟良
责任编辑：	李春龙　胡　新
封面设计：	王国擎

出　　版	长春出版社	总编室电话：	0431-88563443
地　　址	吉林省长春市建设街1377号	发行部电话：	0431-88561180
邮　　编	130061		
网　　址	http://www.cccbs.net		
制　　版	长春出版社美术设计制作中心		
印　　刷	长春天行健印刷有限公司		

开　　本：	787毫米×1092毫米　1/16
字　　数：	131千字
印　　张：	16.5
版　　次：	2016年12月第1版
印　　次：	2020年1月第2次印刷
定　　价：	58.00元

版权所有　盗版必究

如有印装质量问题，请联系印厂调换　印厂电话：0431-84485611

总　序

一

由别具慧眼的长春出版社策划的本丛书，以蕴含中华文化元素的诸事象为描述对象，试图昭显中华文化的特质、流变和前行方向。

"元"意谓本源、本根，"素"意谓未被分割的基本质素，合为二字词"元素"，原为化学术语，本义是具有相同核电荷数（即相同质子数）的同一类原子的总称，如非金属元素氧（O）、金属元素铁（Fe），是组成具体自然物——氧化铁（Fe_2O_3）的基本质素。

作为化学术语的汉字词"元素"，由日本江户时代的兰学家宇田川榕庵（1798—1845）在所著《植学启原》（1834）和所译《舍密开宗》（1837）

 武术

中创制，是对荷兰语 grondstof 的意译。清末来华的美国长老派传教士丁韪良（1827—1916）在《格物入门》（1868）中创汉字词"原质"，意译同一西洋术语（英文为 element）。清末民初，汉字词"元素"自日本传入中国，逐渐取代"原质"。1915年，中国科学社董事会会长任鸿隽（1886—1961）在《科学》杂志第一卷第二号上发表《化学元素命名说》，为中国较早使用"元素"一词的案例。①

在现代语用实践中，"元素"这一自然科学术语被广为借用，泛指构成事物的基元，这些基元及其组合方式决定事物的属性。"文化元素"指历史上形成并演化着的诸文化事象中蕴藏的富于特色、决定文化性质的构成要素。

本丛书论涉的"中华文化元素"，约指中华民族在千百年的历史进程中（包括在与外域文化的交融中）铸造的具有中国气派、中国风格、中国韵味的基本质素，诸如阴阳和谐、五行相生相克、家国天下情怀、民本思想、忧患意识、经验理性导引下的理论与技术、儒释道三教共弘的非排他性信仰系统、区别于拼音文字的形义文字及其汉字文化，等等。它们生长发育于中华民族生活方式、思维方式的运行之间，蕴藏于器物文化、制度文化、行为文化（风俗习惯）和观念文化的

---

① 聂长顺，肖桂田：《近代化学术语元素之厘定》，《武汉大学学报》（人文科学版）2010年第6期。

纷繁具象之中,并为海内外华人所认同。

二

文化的各个不同级次、不同门类包含着各具个性的中华元素。如水墨画的书画同源、墨分五色,武术的技艺合一、刚柔相济、讲究武德,园林的天然雅趣和"可居可游可赏"追求,民间风俗文化涵泳的吉祥、灵动、热烈、圆满,建筑中使用"中国红"(体现生命张力)、中轴线、对称与不对称美感,等等。

汉字及汉字文化是中华元素的一个案例。

世界各种文字都是从象形文字进化而来,多数文字从象形走向拼音,而汉字则从象形走向表意与表音相结合的"意音文字",近有学者将汉字归为"拼义文字",即注重语义拼合的文字:首先创造多个视觉符号作为表达万象世界的基本概念,然后将这些符号组合起来,用小的意义单位拼合成大的意义单位,表达新事物、新概念。[①]

自成一格的汉字创发于中国,是世界上仅存的生命力盎然的古文字,它主要传播于东亚,成为东亚诸国间物质文化、制度文化和精神文化互动的语文载体。在古代,中国长期是朝鲜、

---

① 张学新:《汉字拼义理论:心理学对汉字本质的新定性》,《华南师范大学学报》(社会科学版)2011年第4期。

日本等东亚国家的文化供给源地；至近代，日本以汉字译介西方文化，成效卓异，日制汉字词中国多有引入。汉字在汉字文化圈诸国所起的作用，相当于拉丁文在欧洲诸国所起的作用，故有学者将汉字称为"东亚的拉丁文"。汉字是中华文化系统中影响最为深远广大的文化符号。

20世纪初，日本学者内藤湖南（1866—1934）提出"中国文化圈"概念，指以中国为文化源及受中国文化影响的东亚地区，日本是"中国文化圈的一员"，他在《中国上古史》中说："所谓的东洋史，就是中国文化发展的历史"，是以汉字为载体的中国文化在东亚地区传播的历史。[1]此论阐发了汉字这一中华元素在东亚文化圈的重要意义。

中国人在20世纪30年代即对日本学者提出的东洋文化史观做出回应，傅斯年（1896—1950）在1933年著《夷夏东西说》，概括东亚文化的特别成分：

> 汉字、儒教、教育制度、律令制、佛教、技术。[2]

这是中国学者对东亚文化圈的要素即"中华元素"做出的提取。

承袭内藤说，日本的中国史学家西嶋定生

---

[1] [日]内藤湖南：《中国上古史》，《内藤湖南全集》卷十，东京：筑摩书房，1997年。
[2] 傅斯年：《夷夏东西说》，《中央研究院历史语言研究所集刊》外编第一种，1933年。

（1919—1988）在二战后所著《东亚世界与册封体制——6—8世纪的东亚》中指出，东亚世界存在一个以中国为册封中心，周边诸国（日本、朝鲜）为册封对象的"册封体制"，从而提出东亚地区的一种"文化圈"模型。西嶋定生在《东亚世界的形成》中概括汉字文化圈的诸要素（或称"中华元素"）：

> 一、汉字文化，二、儒教，三、律令制，四、佛教等四项。其中，汉字文化是中国创造的文字，但汉字不只使用于中国，也传到与其语言有别又还不知使用文字的邻近诸民族……而其他三项，即儒教、律令制、佛教，也都以汉字作为媒介，在这个世界里扩大起来。①

1985年，法国汉学家汪德迈在《新汉文化圈》一书中论述"汉文化圈"的特点：

> 它不同于印度教、伊斯兰教各国，内聚力来自宗教的力量；它又不同于拉丁语系或盎格鲁-撒克逊语系各国，由共同的母语派生出各国的民族语言，这一区域的共同文化根基源自萌生于中国而通用于四邻的汉字。②

---

① [日]西嶋定生：《东亚世界的形成》，参见刘俊文主编，高明士等译：《日本学者研究中国史论著选译》第二卷，中华书局1993年，第88页。
② [法]汪德迈：《新汉文化圈》，陈彦译，江西人民出版社1993年，第1页。

这里着重表述"中华元素"之一种——汉字的功能,汉字深刻影响东亚人的思维方式和表达方式,使汉字文化圈成为一个有着强劲生命活力的文化存在。

三

"中华元素"并非凝固不变、自我封闭的系统,它具有历史承袭性、稳定性,因而是经典的;具有随时推衍的变异性、革命性,因而又是时代的,2008年北京奥运会开幕式表演突显四大发明,2010年上海世博会中国馆采用中国红,皆为古老的中华元素的现代展现;中华元素是在世界视野观照下、在与外域元素(如英国元素、印度元素、日本元素、印第安元素)相比较中得以昭显的,故是民族的也是国际的,是中国的也是世界的。美国好莱坞动画片《功夫熊猫》《花木兰》演绎中华元素并获得成功,便是一个例证。

文化元素并非游离于文化事象之外的神秘存在,它们从来都与民族、民俗、民间的文化实践相共生,始终附丽并体现于器物、制度、风俗诸方面的具体文化事象和文化符号之中。中华元素之于文化事象，如魂之附体，影之随形，须臾不可分离。从诸文化事象（如江南园林、八大菜系、春节中秋等节庆、书画篆刻、昆曲京剧、武当少林功夫）的生动展现中提取中华元素的魂魄，昭显大众喜闻乐见的文化符号（如深蕴和谐精义的太极八卦图，代表四方、四季的"四灵"——青龙、白虎、朱雀、玄武，代表中央的麒麟）包蕴的精义，是本丛书的使命。

本丛书由阐发体现中华元素的若干文化事象（如园林、饮食、节庆、书画、宫殿、戏曲、服饰、汉字、武术、钱币、宗族、书院、姓名、茶等）的系列作品组成。

中华元素是构建当代中国文化及其核心价值体系的基本成分之一，是塑造国家形象、提升国民精神的重要资源。开掘并弘扬中华元素，有助于加深中国文化对国人的感召力、亲和力，增强历史敬畏感和时代使命感，提升民族自信心和文化传承创新的自觉性。

抉发中华元素还有一层意义：通过蕴藏中华元素的文化事象、文化符号，彰显可亲可敬的中国风格，奉献给异域受众，增进国际传播，推动中国文化"走出去"。

本丛书的选题及其撰写沿着"即器即道"的文化史路数，避免一味虚玄论道，也不停留于文化现象的就事论事，而追求道器结合——于形下之器透现形上之道，又让形上之道坐实于形下之器，使中华元素从文化事象娓娓道来的展示中得以昭显。

冯天瑜

2016 年 10 月

于武汉大学中国传统文化研究中心

前　言

　　如果说中华文化是座琳琅满目的宝库，那么武术就是这座宝库中一颗璀璨的明珠。中华武术素有"博大精深"之称。说其"博大"，是因为武术在漫长的历史长河中有着广袤的地域空间，而不同地域的武术又有着风格各异的活动形态与技艺特点；说其"精深"，是因为武术负载了中华文化的丰富内容与人文精神，从一个侧面折射出民族的价值追求与精神气质。所以，把武术称为中华文化的一个"全息影像"，一点也不为过。

　　中华民族数千年的文明史，使武术积淀起了一以贯之的文化命脉，并在沧桑岁月中藏匿了几多厚实的灵魂，由此筑起一条坚韧的精神堤坝，以阻挡自身在发展衍变中的异化和吞噬。然而，在近半个世纪的社会进程中，由于种种原因，有着悠久传统的武术文化发生了根本性裂变，以"高难美新"为特征的竞技武术脱颖而出,并迅速成为当代武术独领风骚的标志性符号——原有的文化内涵被过滤,传统的拳理技术发生异变。于是,人们就把那些恪守文化认同、活动方式、价值观念的武术样式,称之为"传统武术"。竞技武术与传统武术两者之间虽有一定的承袭关系,但更表现出很大的文化差异。为了能对传统武术与竞技武术的不同文化特点有一个大致的了解,不妨撷取两者的活动样式、技艺表达和价值追求三个层面稍加比较,从中显现出两者的不同基本特征。

一 "舞对合彀"与"击舞殊途"

"舞对合彀"一说,首见于明代戚继光的《练兵实纪》。所谓"舞对",乃指两种相互联系的习武形式:单练为"舞",两两击打为"对","合彀"这里指互为作用之意。在戚继光看来,"凡武艺,不是答应官府的公事",而是用来"防身立功杀贼救命本身上贴骨的勾当",因而"单舞"作为一种个体练习方式,必须与"既得艺,必试敌"的对手功夫相配,如仅单舞,即为戏剧套数的"花法"。当然,戚氏的"舞对合彀"习武思想一方面是据于他作为军事家的立场、观点,但同时也是对传统武术"打练结合"习武方式的一个精辟概括。在致力实用的价值追求下,传统武术的个人套路习练,需要习武者在了解技法意义基础上的"练时无人似有人";"两两相当"的对练,要求通过预设性的组合技法来强化对"用"的体会；而作为临阵实用的技击，则是"敌我关系"及武术主体价值的直接显示。也就是说，套路、对练是否得法，必须通过实用技击来加以证明，舍此则无法领略各种拳械技艺的真谛。于是，传统武术中也就有了"练拳不知体中用，枉费功夫终无成"的至理名言。预设性的套路练习为习武得艺之门径，但如迷于对手功夫，就无法领悟中国武技的生化互变之道。

"击舞殊途"起始于1957年有人提出的一个观点。该观点认为："我国武术从创始到现在，始终是循着'击'和'舞'两个方向发展的"，因套路的功能"在于它的动作优美，气势雄健，能给人以极大的感染力"，所以只是种"表演艺术"，蔡龙云等人则称之为"中国古代的自由体操或艺术体操"。"击舞殊途"论甫出，不同意见和批评之声随之而来。但由于这一观点得到了当时国家武术行政管理部门的肯定，而成为我国竞技武术样式发展的基调，尤其是随之而起的"唯技击论"批判声中，更使一批持不同意见者噤若寒蝉，以致在近30年的时间内，套路运动竟成了中国武术的全部内容，竞技武术套路样式成为中国武术的样板。虽说1979年以后开始的散打运动，是对原有单一套路赛形式的补充，但在技术结构上套路和散打不再是有机整体，处处透显着西方运动

的文化痕迹，难以寻觅中华武术的文化灵魂——自明清以来形成的有机活动体系就这样被活生生肢解了，成了"两股道上跑的车"。

二 "神明脱化"与"动作规范"

"习武先找形"，是传统武术一般习武程序之始，"找形"意指动作的规范性，这一点传统武术与竞技武术并无多大差异。问题的关键在于，传统武术只把形架练习作为入门基础，最终追求的是一种"惟自有形造至于无形"的脱化神明之境。因此，传统武术在习练途径上也就有了明劲、暗劲和化劲的三步练法，各家拳种门派也几乎都把"炼神还虚"作为出神入化的境界。在这一点上，竞技武术则表现出很大不同。竞赛规则规定，使竞技武术套路运动始终把强调动作规范作为训练目标的起始与终结。由形架入手，以求最后脱化神明的传统习武过程，在竞技武术套路运动的链环上发生了断裂，由此而产生的技术表达也就有了很大差异。比如，传统武术和竞技武术都十分讲究"神韵"，并把对神韵的追求作为自己的习练要求。然而，两种"神韵"有着显著的文化分界。具体反映在套路演练中"攻防含义"与"攻防意识"的差别上。所谓"攻防含义"，是指传统武术讲究"临阵实用"的技击内容与习武者在知晓动作的技击旨意后"练时无人似有人"的精神意识的有机契合，就像清代《拳经拳法备要》所说的

"手当如何进，肩当如何入，脚当如何管"，传统武术中的诸多拳理技法，也正是在此基础上展现其价值和风采的。但竞技武术"境由心生"的"攻防意识"则不同，适应比赛规则而创编的竞技套路并不关注技术上的实战意义，它的具体内容只是演练者个人的情感意识在一种技击虚拟性和写意性氛围中的仿"真"表达，是演练者和观赏者在"互感"基础上产生的心理共鸣。显然，两者在"互感"上貌合而神离。

三 "练为战"与"练为看"

传统武术与竞技武术在技术层面上的种种差异，只是表面上的浪花波涛，而主体价值取向发生的观念变化，才是深处浑灏的暗涌。在价值层面上，传统武术始终强调一个"体用兼备"。所谓"体"，乃指武术本身存在；所谓"用"，即作用、价值功能。那么传统武术的主体价值取向是什么呢？从先秦《庄子·说剑》所云的"示之以虚，开之以利；后之以发，先之以至"，到明代"犹恐临敌掣肘"的套路创编；从清人"相杀如仇焉"的技法练习，到各传统拳种注重的功法练习，都清楚地显现出了传统武术"练为战"的主体价值观。明代的何良臣曾说："宋太祖之三十二势长拳、六步拳、猴拳、囮拳，名虽殊，而取胜则一焉。"民国时期，庐景贵概括曰："各地各家之拳术，其能打敌制胜则一也。"其言虽然绝对了一点，但道出了传统武术的基本价值所在，技击价值历来是习武者无法挥去的精神诉求。诚然，传统武术除技击之外尚有强身健体、修身养性的功能存在，一些材料中也不乏诸如"详推用意终何在，延年益寿不老春"的记载，但对此不能囿于字面上的孤立理解。简单地说，历史上传统武术的发展是围绕"武"的价值存在而延伸，他如强身健体与修身养性，是通过以提高技击能力为主体价值的习武过程得以实现的。对此，司马迁的《史记·太史公自序》对习武"内可以治身，外可以应变"有这样的概括。

然而，传统武术"练为战"的主体价值追求，在"难度大、形象美"及一味讲究"动作规范"的竞技武术套路面前发生了根本性倾斜。可以说，价值取向的不同，是造成中国武术活动形式上由传统的"舞对合毂"演化为"击舞殊途"，技术追求上由"神明脱化"嬗变成"动作规范"的内在关键所在。越来越严重地操舞化现象，使竞技套路的动作组合宛若一块任意拼装的七巧板，透显出某种随取随舍的"摇滚"特色，所谓"遵循技击规律"、"体现攻防含义"云云，不过是徒有虚名的文化标签。尽管那些以"高、飘、旋"为技术特征的竞技武术套路，非经严格、刻苦的专业化训练也难以完成，但由于它远离了"武"的规定，因此必然失去传统文化的支撑而发生"文化枯窘"，其发展也就难免陷入深深的尴尬之中。

拥有"统之有宗，会之有元"的传统武术，是华夏文明长期氤氲滋养而成的人体活动方式，拥有属于自己的文化形式与价值信仰。今天，不管是人们念兹好兹的"武术"，还是记忆深处的"武术"，很大程度上都是指斑斓多姿的传统武术而言，这当然是由于传统武术更多地浸润了中国文化的种种内容所致。多少年来，浸透了中华文化的传统武术如同一位阅尽岁月沧桑的长者，循循善诱着无数皈依弟子，有时又宛如一位万种风情的倩女，引得多少英雄"衣带渐宽终不悔"的折腰苦求。下面，就让我们一起对它的历史踪影与主要内容作一匆匆巡礼，以领略其特有的万千气象吧。

目　　录

第一章　武术史踪	**001**
第一节　戏乐夸示	003
第二节　雄阔放达	011
第三节　拳棒甫炽	023
第四节　门派纷呈	030
第二章　择徒拜师	**039**
第一节　谈玄授道	041
第二节　师道尊严	054
第三节　师徒传承	066
第三章　由形臻化	**077**
第一节　以拳筑基	079
第二节　招熟求变	091
第三节　技进乎道	100
第四节　拳功合璧	107

目　录

第四章　金科玉律　119
第一节　天人合一…………………… 121
第二节　内外双修…………………… 131
第三节　循序渐进…………………… 141
第四节　自我体悟…………………… 149

第五章　精神航船　159
第一节　日常伦理…………………… 161
第二节　意志品质…………………… 167
第三节　侠义精神…………………… 173

第六章　拳种撷英　181
第一节　禅宗祖庭…………………… 183
第二节　闽中少林…………………… 197
第三节　内家风流…………………… 214
第四节　干支梅花…………………… 225

参考文献　237
后　记　239

第一章　武术史踪

　　武术是中华文化的重要组成部分，由上古传承至明清的技击武术，在武术学界是公认的"古代武术"时期，是中国武术史上绵延时间最长，内容最为丰富的时期。毫不夸张地说，中华武术的萌芽与形成，在这数千年间积淀演进；中华武术的文化精神与基本价值，在这个历史时期得以显现。

第一节　戏乐夸示

中华武术起源于何时，已不可考。目前，学术界公认的古代武术的初始期，相当于先秦时期，即指从公元前21世纪的夏、商、周三代至公元前221年秦始皇建立秦朝。这段时期内，武术在各种文化因素和社会背景的共同作用下，开始逐步形成为一种相对独立的人体活动方式，故称此时期为古代武术发展的"初始期"。"初始期"的武术特征主要反映在以下三个方面。

一　活动样式

古代军事技击无疑是古代武术萌生的重要文化源，但两者有着不同的文化属性。也就是说，武术应是在军事技击基础上受到其他文化影响而形成、发展的。在这一时期，武术开始从军事活动中分化出来，并且在其他文化的合力作用下，以自身的活动样式出现在社会舞台上。

（一）角力手搏

在周代，角力是种军事训练手段，据《礼记》记载："孟冬之月，天子乃命将帅讲武，习射御、角力。"至春秋时期，原来"孟冬之月"的"一时讲武"，变为春秋二时，诸如马王堆帛书《王兵篇》和《管子》等书中都提到"春秋角武，以练精材"。显然，这种角力当属古代军事文化范畴。

战国时期，原属于讲武内容的角力在活动形式和价值功能上发生了很大变化。关于这一点，《汉书·刑法志》上有一条非常重要的材料，记载了先秦时期角力活动的这一变化："春秋之后，灭弱吞小，并为战国，稍增讲武之礼，以为戏乐，用相夸示。而秦更名角抵，先王之礼没于淫乐中矣。"这条材料，实际隐寓了角力已从原来的军事活动中分离出来，成为一种具有独特文化特点的人体活动方式。这种后来在秦代被正式更名为"角抵"【图1-1】并冠以"讲武"之名，但与其最初的宗旨"以练精材"的军事目的大相径庭，具有了很强烈的娱乐观赏成分，故被视为"戏乐"，史家们为之发出了"先王之礼没于淫乐中矣"的感叹。需要补充的是，所谓"戏乐"并非一般意义上的戏耍作乐之意。有条史料有助于了解先秦时期这类"戏乐"的情形："子华使其侠客智鄙相攻，强弱相凌。虽伤破于前，不必介意。终日夜以此为戏乐，国殆

图 1-1 彩绘角抵图木篦

成俗。"(《列子集释·黄帝篇》)相攻相凌的角力活动尽管不合先王之道,但对于武术而言,却有着极为重要的历史意义,因为它标志着一种源于军事活动,又有自己活动特点和价值功能的人体活动方式终于破土萌芽,成为古代武术初始形态的主要构成之一。

(二)剑术技艺

古代的剑,大约出现于商代。在以车战为主的古战场上,形制短小的剑并非主要的作战兵器,诚如《释名·释兵》中所说,"剑,检也,所以防检非常也"。但剑的出现,表明此时期与兵械相适应的技击技能的多样化。春秋战国时期,古代的剑术终于迎来了它新的发展——一种不同于军事征战的斗剑活动,开始在社会上盛行起来【图 1-2】。《庄子·说剑》一文中说,

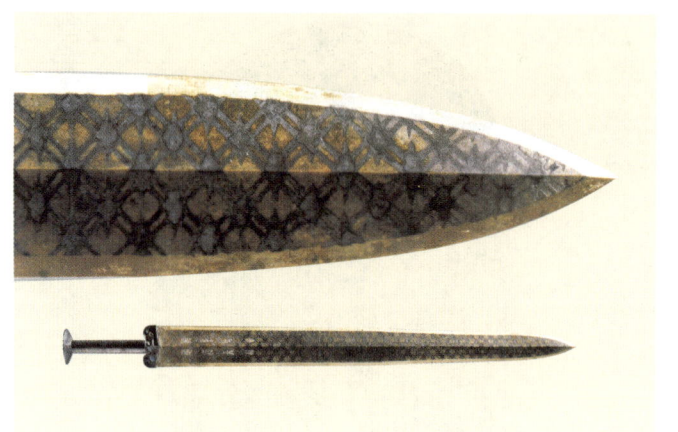

图 1-2 越王勾践剑 1965 年湖北省江陵县望山出土

赵文王喜剑,并招致了数千身着短衣、头发蓬乱、性情刚烈的斗剑士,"日夜相击于前,死伤者岁百余人,好之不厌"。可见这类斗剑在价值上并非出自为了军事目的的练兵,而完全为了满足统治者的观赏;其次,此时已出现了依附权贵的职业化斗剑士;还有,这种斗剑死伤不计,很明显是种相当惨烈的竞技较量。

由于史料所限,我们很难对春秋战国时的剑技情况作进一步的分析,但《史记·司马相如列传》中索隐中《吕氏春秋·剑伎》一段佚文无疑极为重要,其云:剑技乃"持短入长,倏忽纵横之术也",表明剑术是种"短兵长用"之技。"持短入长,倏忽纵横"八字,概括出了当时剑术的技术特征,这也为后来剑术的发展奠定了基础。

(三)武舞活动

手持兵械而舞，是古代武舞的最基本活动特征。据《韩非子·五蠹》篇所记，早在舜时已出现了类似军事操练及武力炫耀的"干戚舞"了，自西周始，武舞的活动样式和功能逐渐从军事文化中游离出来而发生新的变化。综合史料记载，先秦时期的武舞大致有这么几种：

一种是"万舞"。《左传·庄公二十八年》中记载，万舞为"习戎备也"，显然万舞乃当时的军事训练手段。另一种名曰"象舞"。《诗经·周颂·维清序》云："《维清》，奏象舞也"，《毛诗正义》注曰："文王时有击刺之法，武王作乐，象而为舞"。毋庸作文字上的进一步解释，所谓"象舞"即模仿"击刺之法"的人体活动形式。值得指出的是，象舞在当时就被纳入了教育体系中。《礼记·内则》记述，"成童舞'象'，习射御"，前人注"古者教童子先以舞者，欲柔其体也"。通过手持兵械的武舞，人们除"柔其体"外，还"习其俯仰诎伸，容貌得庄焉；行其缀兆，要其节奏，行列得正焉，进退得齐焉"（《礼记集解·乐记》)，可见这类武舞与"习戎备"为目的的武舞有着较大差异，被赋予了某种意义上的教育功能。

武舞当然并非武术本身，而是为了能较清楚地认识武术在形成过程中的另一文化源。因资料的匮乏，尚难以梳理出上述武舞的具体活动形态，但其反映出的"武"与"舞"结合，以及所具有的教育功能，却令人不容置疑。

二 民间武风与"侠士"

春秋战国时期是我国古代社会制度及政治、经济和文化都发生巨大变革的重要年代。在这个转变期中，列国统治者出自不同的需要，极为重视各类武技人才，统治阶级对武技人才的重视，从而推动了民间习武之风的盛行。

统治阶级对于武技人才的重视，一是出于军事目的。弱肉强食军事兼并，使得各国统治者都非常重视军队的作战素质，许多国家纷纷废除旧有的世卿世禄制，改为以军功授田宅爵禄。通过武技博取功名，以改变自己的地位及获得优厚的物质利益，这无形中极大地刺激了民间习武活动的广泛开展。《管子·小匡》中记载：齐桓公对一位地方官吏说："于子之乡，有拳勇股肱之力、筋骨秀出于众者，有则以告。有而不以告，谓之蔽才，其罪五。"这段材料充分说明了齐国君王对武技人才的重视，以及当时民间隐匿有武技人才这样一个历史事实。二是出于自身个人嗜好。如春秋时期开始，有些原为军事范畴的武技活动逐步演变为满足统治阶级个人嗜好的"戏乐"。因此，为满足其嗜好而招揽这类武艺人才，也是助燃民间习武之风的一大动因。《列子》中所记述的子华使侠客强弱相凌，以为"戏乐"，导致"国殆成俗"，充分说明了这一点。

另外，由于当时社会动荡，导致了阶级的分化以及民间习武之风的炽盛，社会上出现了一个"以武犯禁"被称之为"侠"的特殊群体。春秋战国时期的侠，主要是一些在某种价值观念支配下，凭借个人技勇为人效命或以武技谋生之人。《韩非子·八奸》中曰："为人臣者，聚带剑之客，养不死之人以彰其威"，就是指这类人物。由于有"以武犯禁"和"彰其威"的价值取向，故促使这些人能在技艺上狠下功夫，精益求精，同时非常重视对传人的接续传授，从而开创了我国数千年来民间传授武技之风。司马迁《史记·太史公自序》追述其祖上有一支"在赵者，以传剑论显"，即是指早先民间的私家武技传授者。

三　武术理论的初始建构

先秦时期武术初始期的形成，不仅体现在活动样式上，同时还深刻地反映在当时的理论建树上，从而成为古代武术初始形态的有机文化组成。

这个时期的武术理论大致可以分为两类：一类是对技击方法的描述。如《庄子》一书中所说的"且以巧斗力者，始乎阳，常卒乎阴，大至则多奇巧"，以及《荀子·议兵》中"手臂之

捍头目而复胸腹也，诈而袭之与先惊而后击之，一也"。一类是对武技之道的深刻阐释。关于武技之道，《庄子·说剑》中的剑论和《吴越春秋》中那段越女"论手战之道"，可谓是中国古代武术理论中的经典之言。《说剑》中"夫为剑者，示之以虚，开之以利，后之以发，先之以至"，在整个武术史上产生了极为深远的影响，明代俞大猷《剑经》中的"拍位"论和王宗岳《太极拳论》，都与此一脉相承。在越女的"论手战之道"中，进一步提出了诸如开与闭、内与外、形与神等一系列范畴，至今为传统武术理论的重要内容。值得注意的是，先秦时期的武术理论多采用中国古代哲学的词汇和理论观念。《庄子·人间世》中借用阴阳来喻指双方的"斗力"变化，而在越女所论的"手战之道"中，阴阳则为一种"道"的存在，并在此基础上推演出属于手战之道的若干范畴。

　　总之，大约从西周至春秋战国时期，中国的武术逐步从军事技击中分化出来，并在其他多种文化影响下，呈现出具有自己特点的文化形态，但与后来成熟的武术形态相比，则表现出它的不完善性。因此，中国武术的进一步发展、充实与完善，有待于它日后的历史进程。

第二节　雄阔放达

秦汉至隋唐时期是中国历史上继往开来的重要发展期。在这长达1000多年的历史演进中，既有民族之间的统一交融，又有各政治集团的对峙杀伐；既有"人给家足，都鄙廪庾皆满"的经济富庶，更有"白骨露于野，千里无鸡鸣"的社会凋敝；既有尚武进取的社会习尚，也不乏享乐苟安的声色沉湎。继先秦时期之后的古代武术，就在这样一个色彩斑斓的、被后人称之为"汉唐文化"的社会背景下进入了一个新的历史时期。

一　武术活动的多样化

与先秦时期"初始期"武术相比，此时期的武术活动无论是徒手还是器械，无论是短兵刃还是长兵器，都开始呈现出一种前所未有的丰富性与多样性。

（一）角抵相扑与武功

 武术

先秦时期的角力活动，在秦王朝完成统一大业后的"车同轨，书同文"的政治变革下，被正式更名为"角抵"。关于秦汉时期的角抵形式，文献中有不少注释。如东汉人应劭认为"角抵"云："角者，角技也；抵者，相抵触也"，而文颖则明确指出："角抵者，两两相当，角力角技艺"（《史记·李斯列传》）。清楚地说明，秦汉时的角抵并非专指某一种活动形式。关于这点，我们可从现有的一些秦汉文物中窥得当年的角抵情景【图1-3】。

中国古代的角抵活动，自晋代开始名"相扑"。自此以后，古代文献中"角力""角抵""相扑"三词，不时互用。两晋南北朝时，角抵、相扑在宫廷贵族中开展得比较普遍。《北齐书·孝昭帝纪》中记述"诸贵戚家角力批拉，不限贵贱"。"批拉"乃角力的内容，"批"在古文中又释为"打"，"拉"即牵拉，为摔的意思。据史料反映的情况看，当时宫廷内的角抵、相扑具有极强的技击性，往往会致对方于死命。《晋书·庾阐传》记载，晋武帝时有位西域健胡矫健无敌，武帝招募勇士，庾阐的父亲庾东应募前往，与健胡相较而扑杀之。

以"两两相当"为形式的角抵活动在唐代宫廷非常盛行。宫廷内专门设有管理角抵、相扑的机构——左右军，亦称"二军"，一些帝王"内

图1-3 河南新密市打虎亭东汉墓壁画 角抵图

园恒排角抵之徒以备卒召"(《角力记·考古》)。比如唐玄宗、唐宪宗、唐穆宗等人,每赐宴招待时,角抵往往是宴席间的重要活动。尤其是唐敬宗李湛,"喜击球,好手搏",在他登大位的第二年(826),就多次下诏招募角抵相扑手,《旧唐书》上记载他"观二军、教坊、内园分朋驴鞠、角抵。戏酣,有碎首折臂者,至一更二更方罢。"文中的"驴鞠"是唐代马球运动的一种演变,参加者多为女子,因为温雅安全,故称为"小打",以区别于骑马击鞠的"大打"。因此,"碎首折臂"无疑是指角抵者的惨烈之状。

　　角抵相扑在民间也有着广泛的活动人群。梁朝人宗懔的《荆楚岁时记》云:"荆楚之人,结伴为相攒之戏,即相扑也。"(调露子《角力记》)"相攒",当是相扑的荆楚语,为争力竞倒之义。发展至唐末五代,民间角抵更为兴盛,并进而形成一种民间习俗,一本题名张文规编撰的《吴兴杂录》中记述唐代"七月中元节,俗好角力相扑"。值得注意的是,唐末五代的民间角抵,已出现了具有鲜明体育色彩的竞技比赛形式。史料记载,四川蜀都,每当春天新草如茵时,就有自发组成的"社"来组织角抵相扑比赛,"或赢者,社出物赏之,来马拥之而去。观者如堵,巷无居人。从正月上元至五月方罢"(《角力记·出处》)。这种"或赢者,社出物赏之"的活动形式,对后来宋代民间相扑擂台赛具有深刻的历史影响。

"练拳不练功,到老一场空。"功,即功夫,这里指相对于拳技而存在的又一种武术活动内容。历史上有关武术各类功夫的记载,早在两晋南北朝时已见其端倪:一是非凡的手上功夫。《魏书》上记载,魏孝文帝有膂力,年十余岁时就能以指弹碎羊的肩胛骨,可见其指掌功夫之深。据说有位名叫羊侃的人也有类似的绝技,有次他遵皇帝之命用双手抱起殿上的庭柱,竟然把自己的十指也深深地插入大柱中。二是非凡的弹跳功夫。《十六国春秋辑补》卷三中记载一个叫郭默的人,"壮勇拳捷,能贯甲跳三丈堑,时人咸异之。"以今天的长度换算,当时三丈之距约为8.9米,而且是穿上盔甲所跳的远度。另据《梁书·羊侃传》记载,羊侃曾于山东兖州尧庙中,踏壁直上五寻,横行得七迹。"寻"为古代的长度单位,8尺为寻。"踏壁五寻",显然是种超乎常人所为的跑墙走壁;而"横行七迹",大概是指羊侃踏壁上墙后能侧身向前移动七步的能力。三是金钟罩式的抗击打功夫。《魏书·释老志》中记载惠始和尚能"身被白刃而体不伤"。这样的功夫后来的文献史料中也多有记载。

需要指出的是,历史文献中的有些内容,显然存在一些语涉虚妄之处,因此对于这类记述,必须以实事求是的理性态度来加以分析。不过另一方面，这些内容或多或少地透露出这样一个历史信息：传统武术中的各类功法，自有它久远的历史年代。

（二）刀剑技艺的发展

习练剑术在汉唐时期非常普遍，这从两个方面可以反映出来。首先，主流社会对剑术的喜好。《汉书·淮南王安传》中记载：淮南王刘安，年轻时好击剑，自以为无敌。听说有个叫雷被的郎中善剑，于是召来比试，结果败于其手。曹丕的《典论·自序》中生动地记述了昔年他与奋威将军邓展进行的一场斗剑比赛。从中可见，这类斗剑【图1-4】乃是为了验证技艺，非属军事活动范围；另外，这类斗剑与《庄子》中记载的血腥斗剑已有了很大区别。另一方面，剑在汉唐时期的文人中得到了很高的认同，被誉为"君子武备，所以卫身"（《汉书·隽不疑传》）。不仅是司马相如、东方朔及后来的李白等人年轻时都好习剑练武，就连长了长指甲，骨瘦如柴的鬼才李长

图1-4 河南郑州汉画像石"斗剑图"

吉（贺），也留下了诸如"见买若耶溪水剑，明朝归去事猿公"的诗句。某种意义上，这是一个雄阔社会尚武精神的文化写照。

其次，民间习剑击剑之风的兴盛。《汉书·地理志》云："吴、粤之君皆好勇，故其民至今好用剑，轻死易发。"有唐一代侠风流被，一些任侠之辈"轻死重义，结党连群，暗鸣则弯弓，睚眦则挺剑。"（《旧唐书·崔融传》）从资料来看，汉代之时的习练剑技已讲究其师承。王充在《论衡》中说："剑使之家，斗必胜者，得曲城越女之学也。两敌相遇，一巧一拙，其必胜者，有术之家也。"而到了东汉末，剑术已"四方之法各异，唯京师为善"，曹丕本人从小就曾随多位剑师学习，最后师从名叫史阿的河南人习练，尽得其法。

汉代开始，环首铁刀取代了剑的位置，到了两晋南北朝，刀不但是部队的主要短兵装备，同时也深受其他人士的喜爱，成为日常佩带防身之器，后来武术界通用的"单刀"一词也见之于魏晋时期。唐代，刀主要有四种形制：一曰仪刀，二曰障刀，三曰横刀，四曰陌刀。据《唐六典》记载，仪刀是朝中的仪仗之刀；障刀是"盖用障身以御敌"；横刀即佩刀；陌刀"乃长刀也，步兵所持，盖古之斩马剑"。唐代文献中没留下关于陌刀的更多资料，清人王晫在《兵仗记》中云"斩马刀，一名砍刀，长七尺，刃长三尺，柄长四尺，下用铁钻，马步水陆咸可用"。

（三）矟、棍技艺的兴起

矟原名矛，先秦时属军队之"五兵"（即戈、殳、戟，酋矛、夷矛），至汉魏时期，矛已成为军中的主要装备，大约晋代开始，矟写成"槊"，又名之为"枪"，因而马上使矟，即为马矟（槊）或曰马枪。经过三国两晋的积累，矟到了南北朝时，无论在技艺上或是在理论上都趋向成熟，出现了《马槊谱》这样的理论专著，该书的编辑者乃梁简文帝萧纲。遗憾的是《马槊谱》一书已佚，而萧纲为该书写的序流传至今，其中记曰："马槊为用，虽非远法，近代相传，矟已成艺。"从中国古代武术的发展脉络分析，矟矛的兴起成艺，基本奠定了我国古代长兵器械中以枪为主的基本趋势。

唐代军中长兵器械，以枪为主。在唐代的枪技发展中，除了"刺"外，还出现了诸如"避枪"和"夺枪"的技能。如同汉魏史料中记载的"空手入白刃"一样，"避枪"、"夺枪"当是伴随枪技发展而出现的一种武技能力。另外，唐代的宫廷内和民间还普遍开展一些不同于军事活动的枪技比试。《资治通鉴》卷一九六中记载，唐太宗的弟弟与太子李治常领人"披毡甲，操竹矟，布阵大呼交战，击刺流血，以为娱乐。"唐人赵璘《因话录》中记述其年少时"尝与群儿戏，以竹苇为枪",相互击刺"作战斗之象"。"击刺流血",说明这是实战性很强的枪技比试;"以为娱乐",则反映了这类活动的价值取向。

近代兵器史研究者周纬在《中国兵器史稿》中曾指出,"剑至唐代即为后世统一之模式",而后世之枪亦同样定型于唐。宋人高承编撰的《事物纪原》卷3中云:"白干(杆)枪,《宋朝会要》曰梢也,唐羽林所执,制同槊而铁刃,上缀朱丝拂。"铁刃、白杆而缀红缨,可见后来武术中的枪式滥觞于唐代。关于这一点,有文物材料的佐证。如敦煌莫高窟第156窟唐代壁画中的枪式枪缨飘拂【图1-5】,与第285窟西魏壁画中所绘枪式有很大不同。

棍的使用在先秦史料中已有记载,如《吕氏春秋·贵卒》中记载,中山勇士"衣铁甲,操铁杖以战",但秦汉时却并不多见。不过有资料证明,棍至两晋时已获得了较快发展。葛洪在《抱朴子·外篇自序》中,称自己年长后"又学七尺杖术,可以

图1-5 张议潮统军出行图

入白刃，取大戟"。"杖"是棍的别称，西晋时的七尺，相当于今天的1.7米左右。由此可见，这一时期棍术已总结出了一定的习练方法，成为一种具有"入白刃，取大戟"价值功能的专门技艺。

二 武术活动的艺术化

丽先秦时期的击刺之术，因受到"舞"的深刻影响而形成了如"干戚舞"、"象舞"等武舞；到了汉代，角抵在广泛吸收了如舞蹈、音乐、杂技、戏剧等多种文化内容的基础上，形成了规模庞大而奇技异艺的角抵戏（又名百戏），并在历史上延绵了很长时间。武术这种除军事外与乐舞文化相融合的历史走向，对它的艺术化发展产生了巨大的推动，也留下了它深深的文化印记。

（一）"杀搏之势"的力士舞

秦汉之际，有关徒手的拳技记载，多为一些两两相搏的内容，但不迟于南北朝时期，则开始有了个人演练的记载。《魏书·奚康生传》曰："正光二年（521）三月，肃宗朝灵太后于西林园。文武侍坐，酒酣迭舞。次至（奚）康生，康生乃为'力士舞'。及于折旋，每顾视太后，举手蹈足，瞋目颔首，为杀缚之势。"文中的"举手蹈足，瞋目颔首，为杀缚之势"数语，生动地描绘出了"力士舞"的动作神态。这条记述至少反映出以下两点：第一，这种"力士舞"显然是寓含"杀搏之势"的单人徒手演练；第二，"及于折旋""举手踏足"，说明其演练的动作手足并用富有变化。至于这种名为"力士舞"的拳技演练本身是否已是相对稳定的套路形式，目前尚无资料佐证，但已表明一种与武术单练形式具有相似之处的活动形式的形成。

（二）多姿的兵械活动

两汉至隋唐时期的各类表演性兵械活动，从类别上可分为短兵与长兵，内容上有剑舞、刀舞、戟舞及枪矛之舞等。

1. 剑舞与剑器舞

"项庄舞剑，意在沛公"是一个为人熟知的汉代典故。值得玩味的是项庄在舞剑前说的那句话："君王与沛公饮，军中无以为乐，请以剑舞"，当时军中饮酒以舞剑助兴很常见。类似这样的兵械表演在一些汉画石像上也不乏可见。此外，晋唐两代的诗人还为我们留下了一些有关剑舞方面的文学材料。如晋代文学家傅玄写过一首《剑俞》，诗云："剑为短兵，其势险危。疾喻飞电,回旋应规。武节齐声,或合或离。"所谓"俞"，宋人郭茂倩的《乐府诗集》中引《唐书·乐志》云："俞，美也。"可见"剑俞"，即是对剑舞的赞美诗作。

"剑器"舞是唐代宫廷中的又一种剑舞形式，诗人杜甫曾留下了一首脍炙人口的《观公孙大娘弟子舞剑器行》。唐代"剑器"是否持剑而舞，这在学术界曾有不同意见。然而，综合唐代各类史料，所谓"剑器"应是剑舞，特别是唐人有时将公孙氏之剑器舞写作"剑舞"或"舞剑"，便是明证。如郑处诲的《明皇杂录》清楚记载："开元中，公孙大娘善剑舞"，另有晚唐诗人郑嵎的《津阳门诗》中亦有句曰"公孙剑伎皆神奇"，自注云："有公孙大娘者舞剑，当时号为雄妙。"就诗的内容而言，人们在品读杜甫的《观公孙大娘弟子舞剑器行》时，也不难领略到诗人笔底那倏忽多变的剑舞之技。当然，尽管其舞或如雷霆震怒，或如江海凝光，以使观者惊恐悚怵，但毕竟是供观赏的技艺表演，与战场格杀不能相提并论。晚唐诗人司空图曾赋诗曰："楼下公孙昔擅场，空教女子爱军装；潼关一败胡儿喜，簇马骊山看御汤。"

2. 跳剑与跳刀

所谓跳剑、跳刀，即是把手中刀剑向空中抛掷，然后接住，显然这是杂技化了的武术表演。在汉代，常与"跳丸"一起表演，故又称"丸剑"，跳剑、跳刀一称至晋代才出现。《资治通鉴·晋纪》中记载："张昌起兵为乱，绛头毛面，挑刀走戟，其锋不可当。"胡三省注曰："挑刀，舞刀也。今乡落悍民，两手运双刀，左作进退为击刺之势，掷刀空中，高一二丈，以手接之。"显然这种挑刀已经不再是纯粹的器物抛接，而是演练中的有机组成，唐代裴旻的剑舞就是一个例证。

据唐代李亢的《独异志》记载：开元中，裴旻应著名画师吴道子之邀而为之剑舞，只见他"脱去缞衣，若常时装饰，走马如飞，左旋右抽，掷剑入云，高数十丈，若电光下射，旻引手执鞘承之，剑透云而下，观者数千人，无不悚怵。"

3. 枪矛舞

枪戟类的长兵表演，一些汉画像石上时常可见，而对其活动样式的文字描述，见于晋代傅玄和唐代陆龟蒙所写的二首《矛俞》诗。傅玄的《矛俞》诗中写道："进退疾鹰鹞，龙战而豹起"，是说其挥舞枪矛的动作是相当矫捷的；"如乱不可乱，动作顺其理，离合有统纪"，应是作者对矛舞的评论——尽管动作离合多变，但须符合规范要求。

相比较之下，陆龟蒙的《矛俞》诗更偏重具体场景的描写，诗云："手盘风，头背分。电光战扇，欲刺敲心留半线。缠肩绕膑，禠合眩旋。卓植赴列，夺避中节。前冲函礼穴，上指孛慧灭，与君一用来有截。"从诗句分析，"手盘风"似指枪的盘旋舞花，"缠肩绕膑"指穿枪锁喉之术，而"前冲函礼穴"，应是指枪刺的准确性而言，其过程具有很强的艺术观赏性。再从诗句中所写的"欲刺敲心留半线"及"夺避中节"看，诗人描绘的矛舞，似乎是对练表演，与后来武术中的"空手进枪"非常类似。

第三节 拳棒甫炽

在中国历史上，宋元是一个承前启后的重要年代。在这长达四百多年的时间里，一方面民族矛盾与社会矛盾错综复杂地交织在一起，使统治阶级十分重视军队的武技训练，但因宋政权一贯奉行的尚文政策，导致主流社会的"尚武精神"普遍失落，而武术进入下层社会后，出现具有观赏性的套路；另一方面两宋时期商业经济空前繁荣，城市规模的扩大及市民阶层的形成，使当时的武术在历经了汉唐文化的千年滋养后，终于迎来了它的成熟期。

一 套 子

武术中的套路又称"套子"，它是中华武术集中体现的活动形式。关于套路，虽然此前文献中有过类似的描述，但作为一个专门术语正式见于宋代。吴自牧的《梦粱录》中描写当时城市艺人的表演过程时写道："先以女飐数对打套子，令人观睹，然后以膂力者争交。"尽管目前我们尚未看到有关宋代"套子"活动形式的具体记述，但从字义上分析，所谓"套"，就是指那些"势势相承"的预设性编排，"套子"，即武术术语中的"套路"，至今仍是武术的传统语汇之一。

"以女飐数对打套子"，说明这类活动乃是令人观睹的双人演练，它与"两两相当"角力竞技的角抵相扑有着很大不同，所以宋人又将这类套子演练称为"使拳"，并特地注明"别有使拳另为一家，与相扑曲折相反。"宋代的套路在形式上除了双人之外，还有单人演练的。如《太平广记》卷八五记载："见市内有一人弄刀枪卖药，遂唤问。此人云：'只卖药，原不弄刀枪。'"套路的出现应是古代武术发展至宋代渐趋成熟的一个显著特征。假如没有了套路，也许就失去了中国武术的特点，就不会形成中华武术的系统发展。庞大而奇技异艺的角抵戏（又名百戏），并在历史上延绵了很长时间。武术这种除军事外与乐舞文化相融合的历史走向，对它的艺术化发展产生了巨大的推动，也留下了它深深的文化印记。

二　枪　法

枪在宋代有着非常广泛的社会活动基础，其

枪的形制也比较复杂。据官修的《武经总要》记载，有双钩枪、单钩枪、环子枪、素木枪、梭枪、太宁笔枪等九种，称为"枪九色"【图1-6】。军队习枪，当然以"举手揕刺"为实艺，宋王朝为此专门订立了枪手赏格。但从当时有人提出的军中习枪"止试左右盘弄，而不较所刺中否，皆非实艺"来看，中看却又实用的花法演练在军队已有蔓延之势。

在民间，枪法发展颇为耐人寻味。金末农民起义军首领杨妙真善枪，曾自言"二十年梨花枪，天下无敌手"（《宋史·叛臣列传中》）梨花枪在稍后的枪家中备受推崇，称之为"杨家枪"，也是明清两代枪法传承中的主流。著名军事家戚继光在《纪效新书·长兵短用篇》中论及了梨花枪与杨家枪的历史关系，"夫长枪之法始于杨氏，谓之曰'梨花'，天下咸尚之"，并兼及当时诸家枪法中，"其用惟杨家之法……故曰：'二十年梨花枪，天下无敌手'"；另一位著名军事理论家何良臣在《阵纪》中称梨花枪乃"行有守，立有守，守

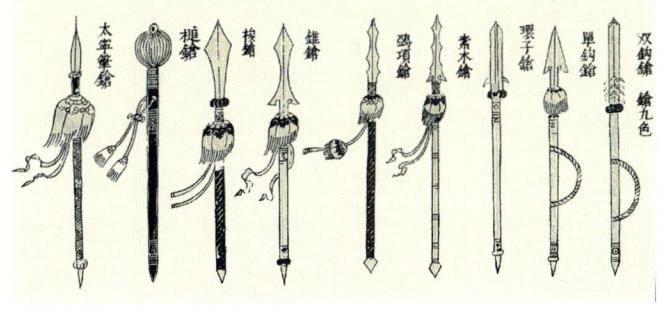

图1-6《武经总要》枪式图

内暗藏攻杀之机"之枪法，赞美之意，溢于字里行间。从杨妙真自云的"梨花枪"一语不难看出，在宋代民间的习武活动中，已出现了冠以某一名称的枪法，这是中国古代武术历史演进至宋代时出现的一个新趋向。枪法冠以名称，还反映在别的史料中。南宋人利登在《梅川行》诗中，对招贤寨义军的习武活动作了描述："招贤三尺刃如霜，夹以巨盾张朱枪。"注云："招贤人能制刀……又习张、朱两家枪法。"

枪法之前冠以"梨花"及"张家""朱家"之名，宋代以前未见。有关记载虽只言片语，但弥足珍贵。一方面说明了宋代民间枪法技术已形成了不同的流派，同时也为后来武术不同拳种门派名称的出现开了一代之风，因此，有里程碑式的意义。

三 擂台赛

伴随着宋代武术的发展与市井文化的繁荣，具备了一定竞技特点的拳棒擂台比赛开始出现，这主要反映在"两两相当"的相扑擂台赛和棍棒较量。

（一）相扑擂台赛

宋代的相扑擂台赛，时人称为"露台争交"。据《梦粱录》记载，当时临安城护国寺南的高峰露台，就是天下英雄争交的地方，参加者都是"择诸道州郡膂力高强"者。值得注意的是"露台争交"还设有奖项，如头赏者可得旗帐、银杯、彩缎、锦袄及马匹等,有人还因此而获官职。宋代的相扑比赛在稍后的一些杂剧小说中有进一步具体反映。元杂剧《刘千病打独角牛》中说,"每年三月二十八日,东岳圣诞之辰,我在这露台上跌打相搏,争交赌筹",并云"再无打手啊,这银碗、花红、表里缎匹,就都赏你"。小说《水浒传》第七十四回中描写的燕青与擎天柱的比赛【图1-7】,形象地再现了"露台争交"的情景。

图1-7 明万历刊本《忠义水浒传》插图"智扑擎天柱"

比赛时间为三月二十八日"天齐圣帝降诞之辰",比赛形式既有脚踢,又有手拿,比试前,一个"部署"(相当于裁判)手拿竹批上得台来,参神之后,便请双方出场。接着,"部署"读一遍类似于比赛规则的"社条",内容大抵是双方应注意的问题,如"不许暗算"之类,随之,"部署"拿着竹批对双方叫声"看扑",比赛就正式开始了。显然,此类比赛中已有了参赛者、裁判、规则、赏格等作为体育比赛的几个基本要素。可以说,具有体育意义上的相扑拳技比赛,在宋代已形成了。

(二)棍棒擂台赛

关于"棒",《宋会要辑稿·兵》中记载:"其长等身,径可及握,不劳远求,指日可办。比弓弩,则无挽拽之能否;比刀剑,则无锻炼之工程。用之以御铁骑,则出其右。盖铁骑非箭凿锋刃可害。"大概棍棒的原料低廉方便、制作简单,且不在官府的禁兵之列,因此在"不得私蓄兵器之禁"的宋代,棍棒技艺广泛开展于乡村城镇。由于棍棒技艺在社会上的兴盛,当时民间还出现了以专讲侠义英雄故事为主的"杆棒"话本。《水浒传》有句云:"只为衣冠五义侠,遂令草泽见英雄"。"杆棒"话本的出现,从一个侧面反映了宋代底层民众的"尚武精神",反映出有宋一代棍棒技艺的大发展。

"两两相当"的棍棒擂台较技,是宋代使棒活动中的一个重要内容。话本《杨温拦路虎传》较为具体地叙述了当年东岳泰山的一场棍棒擂台赛。比赛日期与"露台争交"相同,即三月二十八日的东岳神诞庙会,比赛设有"献台"(即擂台),赛场的裁判也叫"部署"。赛前先由"社司"宣读"社条"(规则),然后由"部署"在中间间棒,比赛开始,胜者可得利物,即奖金一千贯。很显然,棍棒比赛程式与徒手的相扑擂台赛大致相同,也具有了作为体育比赛的几个基本要素。

第四节　门派纷呈

明清两代是古代武术发展史上的繁荣期，每当我们回眸凝视这一段多姿多彩的武术历史时，不禁为它博大的文化气象所钦叹。这一时期武术的发展不仅体现在技术层面上，更重要的是包括武术理论在内的整个武术文化形态的成熟上。

一　拳种门派

拳种门派，一般是指除了拳法外，还包括器械及技理功法在内的"一门艺业者"。从历史的角度来看，宋代的"套子"和冠以名称的枪法，应是明清时期出现拳种门派的重要基础。

在明代，有名可寻的各种拳械已蔚为可观。据戚继光《纪效新书》【图1-8】记载，有十六家之多，如宋太祖三十二式长拳、六步拳、猴拳、囵拳、温家七十二行拳、三十六合锁、二十四弃探马、八闪翻、十二短及绵张短打等。郑若

图1-8 戚继光著《纪效新书》与《练兵实纪》

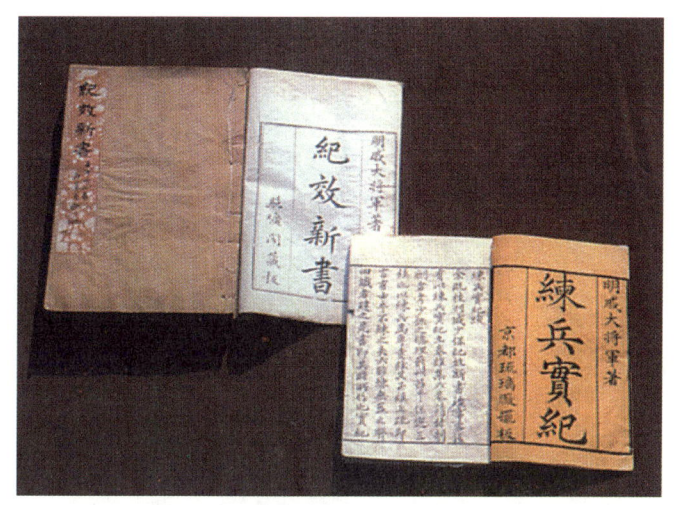

曾在《江南经略》所记拳名又有不同，如赵家拳、芜湖下西川拳、南拳、北拳、披挂拳、张飞神拳、霸王拳及童子拜观音拳等。除拳法外，器械如梨花枪、六合枪、峨眉枪、马家长枪、沙家杆子、李家短枪等枪法名，如少林棍、青田棍、腾蛇棒、贺屠钩杆、西山牛家棒、孙家棒、紫薇山条子、跨虎条子、滚手条子、南海神棍、二郎棍及五郎棒等棍法名，另有卞庄之纷绞法、王聚之起落法、刘先主之顾应法、马明王之闪电法和马超之出手法的诸家剑法等等（《阵纪》卷二），由此足见明代拳械技艺之丰富。值得一提的是，明晚期还出现了"今之武艺，天下莫不让少林"的"武术圣地"，少林武术成为众多拳种中一枝独秀的翘楚。

入清后，各地出现的拳种门派更为琳琅繁

图1-9 清武术抄本《洪洞通臂拳谱》拳法图

多，至今沿传不衰的许多传统拳种，究其渊源，大多是在这个时期形成的。如闽粤一带的洪拳、五祖拳、白鹤拳等拳种；在北方地区则更加丰富了，如通臂拳【图1-9】梅花拳、义和拳、二郎拳、大小红拳、六躺拳、八卦拳、太子（祖）拳、阴阳拳、八番拳、天门神拳、昆阳拳、五虎索阳拳、燕青拳、太极拳、达摩拳、螳螂拳、莲花拳、八步拳、六步架等。此外，还有苌家拳、文胜拳及形意拳、八卦掌。

需要指出的是，明清之际的不同拳种在得以发展、完善的同时，各拳种之间相互影响、相互融摄，形成了彼此之间大致趋同的习武程式与价值追求。可以说，不管徒手抑或器械，以套路为习武入门之法，以克敌制胜为习武的价值追求，是明清以来许多传统拳种门派的基本特点。

二 武术与气功

拳种门派，一般是指除了拳法外，还包括

气功，是一个包括祛病健体、养性长生等多种价值取向在内的人体文化。从中国古代体育史的角度加以考察，气功与武术有着各自的发展脉络，但在具体的历史进程中二者发生了交融，这种交融在明代的史料中可见端倪。唐顺之的《峨嵋道人拳歌》中已有“百折连腰尽无骨，一撒通身皆是手。……余奇未竟已收场，鼻息无声神气守”的记述，是对当时武术内外兼修的一个早期写照。大约成书于明中晚期的《易筋经》【图 1–10a】【图 1–10b】，强调“内壮既熟，骨力坚凝，然后方可引达于外”的练气内壮和“以意努之，硬如铁石，并其指，可贯牛腹；侧其掌，可断牛头；努其拳，可碎虎脑”的功法练习，标志着武术与气功的最终融合。入清后，许多拳种更是把练气作为习拳的心法要诀，以致有人直言“尝有世之论捶者而兼论气者矣”（《太极拳谱》卷十一）。

武术文化与气功文化的交融，给明清两代以后的武术发展，注入了新的内容：一是把习

易筋經義序　唐　李靖藥師
後魏孝明帝太和年間達摩大師
自梁適魏面壁於少林寺一日謂其徒
衆曰盍各言所知將以占乃諸衆因各
陳其進脩師曰某得吾皮某得吾肉

◀图 1–10a 国家图书馆藏郑振铎先生捐献明抄本《易筋经》

述古堂錢遵王藏書
於物或盛或衰匪由躬修自成諸狀今以人功變弱
為強變攣為長變柔為剛變衰為康易之力也身之
利也聖之基也我命在我此其一端然而功有漸次
法有內外氣有運用行有起止以至藥物器制節候
歲年及夫飲食起居徵驗始終務宜先辨信心次立
肯心奮勇往心堅精進心如法行持進退不懈無不
立躋聖境也
膜論
髓骨之外皮肉之內以至五臟六腑無處非筋亦無
處非膜膜較于筋膜為稍軟膜較於肉膜為稍勁筋
則分縷半附骨肉膜則周遍附着骨肉與筋有分其
狀若此煉金則易煉膜則難蓋修煉之功以氣為主
天地生物氣之所至百物生長修煉氣至筋膜齊堅
然而筋體虛實氣至則起膜體沉重氣不倍充不能
起發煉至筋起之後必宜倍加功力務俟周身膜皆
騰起與筋齊堅外着于皮並堅其肉始為氣充始為
了當否則筋無助譬猶植物無培無土豈曰全功
內壯論
內與外對壯與衰對壯與衰較壯可欽也內與外較
外可略也蓋內壯言道外壯言勇道植聖基勇僅俗

▶图 1–10b 台湾图书馆清初钱曾玉述古堂抄本《易筋经》

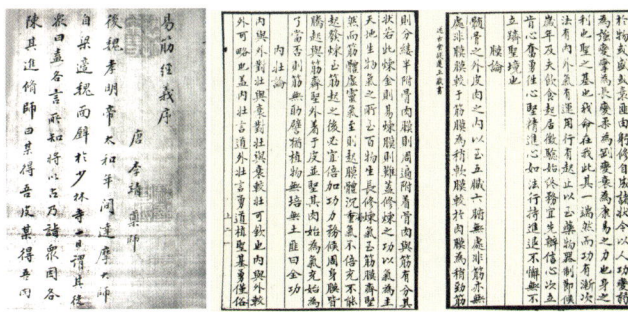

拳与练气融合一起，形成新的拳种，如太极拳的出现，就是这种文化交融的代表拳种，另外山东地区的"文圣拳"，也是基于红拳与气功的结合；二是把练气作为习武活动的一个有机组成，最后形成了所谓的"武术内功"。

三　武术理论研究

明清两代武术发展呈现出的繁荣景象，不仅表现在拳械技术的活动形式上，同时也反映在包括理论体系形成在内的整个武术文化的成熟上。毫不夸张地说，中国传统武术的基本理论体系，是在明清时期得以构建的，人们常说的传统武术的基本命脉，也是在这个时期孕育生成的。

（一）武术论著纷呈

明清时期武术著述的大量出现，无疑是中国武术史上一道亮丽的风景，也是探究传统武术历史渊源无法忽视的基础。从著述的类别看，既有独立成册的武术专著，也有附于其他文献的单篇文章；既有梓刻于世的刊印本，也有私下书写的传抄本。

较有影响的武术专著有：明代军事家俞大猷的《剑经》（这是作者根据自己多年习棍所得而编著的一份棍法资料），明代少林巨擘程宗猷的《耕余剩技》（包括《少林棍法阐宗》《长枪法选》《单刀法选》和《蹶张新法》），明末清初文武学者吴殳的《手臂录》(该书为枪法专著，兼及刀、叉、棒、剑)，王余佑的《太极连环刀法》(主要介绍作者习刀、用刀的心法体会)，黄百家《王征南先生传》中辑录的"内家拳法"(主要介绍内家拳的拳法拳诀和应敌打法等内容)，旧题张孔昭所撰的《拳经拳法备要》【图1-11】等。

图1-11《拳经拳法备要》书影

另外，一些军事家的著述里也记有许多非常重要的武术史料，如著名军事家唐顺之的《武编》和《荆川文集》，戚继光的《纪效新书》和《练兵实纪》，何良臣的《阵纪》，郑若曾的《江南经略》与《筹海图编》，以及茅元仪的《武备志》等，均为研究明代武术的重要文献典籍。除此以外，还有许多未能刻印问世、而以抄本形式流传在广大习武者中间的武术文本，其内容之丰富，涉及面之广，实为前代所罕见。

（二）武术理论体系构建

武术理论发展至明清，许多拳种之间已形成了一个在诸多方面都基本趋于相同的理论认识，中国古代武术理论体系至此基本得以构成，由此展现出传统武术理论中的某些基本规律和特点。比如，在传承方面，明清时期已大体形成了对习武者和为师者两方面的理论要求；在习练方面，明清时期已相当成熟地提出了有关习练阶段、习练方式及习练原则等一系列要求。另外，明清两代武术理论的长足发展，还反映在人们对武术价值认识的深化上。随着武术与军事武艺两者不同文化特点的日益明显，武术价值体系中除了"遇敌制胜"的技击功能之外，健身、养性的观念也越来越受到人们的关注。如清乾嘉时的曹竹斋说："拳棒，古先舞蹈之遗也。君子习之，可以调血脉，养寿命"（《清史稿·曹竹斋传》),古谱中的太极拳歌云:"详推用意终何在,延年益寿不老春"。需要说明的是,对于武术健身、修性的重视,并不意味着人们对武术技击价值的追求发生了弱化,而是反映出当时人们对武术所具有的多元价值的认识更清晰了。

(三)武术理论与古典哲学文化的契合

中国古典哲学堪称是一座博大精深的思想宝库,特别是它的阴阳五行学说,对天体地理和人事社会具有极大包容性,共同构成了一个中国哲学的基本框架,成为一种被18世纪意大利著名学者霍克斯称之的"共有的精神语言"(《结构主义和符号学》)。作为中国传统文化子系统的武术,也必然深受这种文化的浸润,运用其思想精理来阐释拳理,这是无法回避的文化规定。明清以降,随着武术技能发展的日益成熟和积累,必然会产生出强烈的理论升华要求,同时,对于中国传统文化任何一个层面都具有统摄作用的古典哲学文化对武术的影响也越来越大。借用古代太极阴阳五行和八卦理论学说及词汇,从而构建起一个以阴阳五行学说为框架的理论体系,是这个时期武术理论发展最为耀眼的亮点。

阴阳五行学说对武术理论发生影响,存在着前后的历史差隔。先秦时期,《庄子·人间世》

中已用"阴阳"一词来指称武技的变化，而"五行"思想在武术理论中的出现，则要晚得多。较早把五行学说引入到武术理论中的，当推明代的唐顺之。唐顺之在《武编》中论述枪法时，曾借用"五行"一词来喻其各种枪法之变。清初，有些拳种如梅花拳已将"易有太极，是生两仪，两仪生四象，四象生八卦"的易学思想吸收到了拳谱中，虽未与拳理有机融契，但表现出了一种理论走向。运用阴阳五行学说系统阐发拳理，则是稍后乾隆年间的山西王宗岳。他在《太极拳论》中，首次借宋儒的太极理论来阐发太极拳理，并在《太极拳释名》中，把太极拳的进步、退步、左顾、右盼和中定配以金木水火土，称作五行，又把掤、捋、挤、按、采、挒、肘、靠，配以八卦，合称"十三势"，标志着古代武术与古典哲学文化的最终契合。

　　中华武术穿越遥远的历史时空，从先秦时期的破土而出发展至明清时代蔚为大观的繁荣，鲜明映显了她那逶迤印迹和中华先民的文化智慧。道家创始人老子在他那部博大精深《道德经》中曰："能知古始，是谓道纪。"对于中国武术的历史脉络，旨在了解发展过程，把握发展规律，以使人们从中获得有益启迪，汲取智慧的力量。

第二章　择徒拜师

在中国传统农耕社会中，以传习某种技艺为纽带而形成的师徒传承，几乎是所有文化艺术门类发展过程中的一个普遍现象，同样也是武术传承的重要方式。其中，既有反映以德为主的择徒要求及择徒样式，也有体现为师者以身垂范的道德要求和道德责任。

第一节 谈玄授道

择徒是传统武术的一个重要内容，历史上的各家拳种门派无一不把传人的选择当否，视为本门拳种是否能够辈嗣繁盛的关键所在。表象上，它似乎近于现代体育运动中的运动员选材，但现代运动员选材一般主要考虑的是所选之材各项生理、心理指标、遗传因素及技术训练上的接受能力等，而传统武术中的择徒，从它反映出来的具体要求、择徒程式等来看，显然存在很大的差异。

一 择徒要求

提高技击格斗能力是传统习武者最主要的价值追求。然而，武术的技击格斗并非"本乎天然"的蛮力相搏，而是在一定文化背景下"训"与"练"的结果。在这个过程中，一直存在着一个"谈玄授道，贵乎择人"的文化律令。细细辨析不难发现，这简短的八字中间实际包含了两层意思：只有选好传人，才能习得上乘武功；只有这样的人，才能使所传功夫不致中落。这样就引出了对"择人"的具体要求，即择徒要求。从林林总总的资料中可以看到，在对待择徒问题上，传统武术最终关注的是被择者的道德状况。这种关注早在古代的史籍中已有记载，司马迁曾说："非信廉仁勇，不能传兵论剑"，显然，司马迁把良好的道德品质看成"传兵论剑"的首要条件。历史上，许多人恪守着"得其人乃传，非其人勿言"的信条，实践着至上的择徒理念。尤其明清以后，"学拳宜以德行为先"已成为整个习武群体的普遍认识；同时，诸如"大道等闲若轻授，须防九族尽遭刑"，就是对违反这一文化律令带有宗教情感的道德规戒。为此，许许多多的拳种门派通过拳谱、戒约等形式，纷纷订立对传人的各项要求，并日趋细繁。传统武术对于择徒的道德要求，是构成传统武德的一个重要基础，它的基本内容，就是传统社会中被普遍认同的日常道德伦理。民间武谚"未习武，先观德"的"德"字，也是指的这方面内容。

较早具体记载对择徒要求的见清初黄百家《王征南先生传》所录之"五不可传"："心险者，好斗者，狂酒者，轻露者，骨柔质钝者"（《南雷集·学箕初稿》卷一），除了最后一条，均指日常道德而言。其后，对这方面的要求更为具体。

清代"杨氏传钞太极拳谱"中列有"八不传五可授"："第一，不传不忠不孝之人；第二，不传根底不好之人；第三，不传心术不正之人；第四，不传鲁莽灭裂之人；第五，不传目中无人之人；第六；不传无礼无恩之人；第七，不传反复无常之人；第八，不传得易失易之人……传忠孝知恩者，心气和平者，守道不失者，真以为师者，始终如一者。"除了"不传根底不好之人"一条外，其余无一例外都是正反两方面的择徒道德要求。

自19世纪后半叶开始，中国传统文化开始受到欧风美雨的冲击，西学东渐的文化震荡也同样波及传统武术。民国时期意拳创始人王芗斋曾针对当时"流弊丛生"的师徒传承现象进行了激烈抨击，提出要"解除师徒制"，建立一种新型的"尚精神、重感情"的传承关系，但他在论及择人时仍认为应"首重德性……如尊师敬长，重亲孝长，信义仁爱皆是也"，并进一步订立了充满传统道德色彩的"恭慎意切和"五字诀，作为对意拳弟子的信条和规范。改革开放后的中国，处于急剧变化的社会文化转型期。但是，这种反映了传统道德力量的择徒要求，在广大民间习武群体的思想观念中依然得到肯定和崇奉。1985年编的《河北孟村镇吴氏八极拳秘诀之谱》"序言"中要求，所有八极拳弟子遵奉1935年制定的"谱规"，其中包括"习武术者首重人格"的择

徒训条；1991年编撰的《沛县六步架大洪拳谱》，开宗明义的"序言"中强调"收徒要严加选择"，规定"习武者必须有良好的道德品质，方得入其门"，同时明确规定"不忠不孝不仁不义者不教"，充分反映出传统武术在择徒问题上的道德标准的历史沿承性。

事实上，不管是内家还是少林，不管是太极还是梅花，在认识上各拳门无一不把日常道德要求视为择徒的首要条件。一些传闻故事也以其特有的文化形式告诉我们，有时一个人无意中的道德行为，往往是该人能成为某一拳种衣钵传人的重要起因。如清代功力拳和滑拳之所以能在华北沧州地区传播，就是因为两位主人公具有怜病恤贫、济困扶危的道德行为才得授拳技的。故事内容与历史真实性的吻合度如何，另当别论，但其中反映出的文化指向不容忽视。

除了上述的道德要求外，传统武术的择徒要求还包括一些对求艺者个人悟性在内的其他方面内容，因为作为一种传统技击的人体活动方式，如果没有相应的身体条件为基础，当然也难得其堂奥。然而，这方面内容极为粗略笼统，总体上，传统武术对于择徒依然奉行一种"道德决定论"。究其原因，应该是多方面的。

首先是文化传统的规定。中国文化传统素来视道德为根本，其他不过是道德的枝叶。其次，习惯于传统经验把握的使然。在农耕社会中，长期以来由于受传统思维方式和生产力水平以及传统武术本身的活动特点等方面制约，难以提出具有近代体育理论意义上对选择对象的心理、生理等多方面的具体要求，为师者熟悉并运用自如的"知其然"的经验感知和实践把握，而并不在意"知其所以然"的理论说明。第三，信奉道德范畴内在的意志品质作用。意志品质，是任何一位习武者都必须具备的素质要求。在传统武术看来，只要具备了应有的意志品质，习练得法就能弥补身体条件的不足，即使身体有一点伤残，照样能练就惊人的功夫，这就是传统武术中一再强调的"苦恒出高手"。第四，传统武术的广泛适应性。传统武术是一个由各类长拳、短打等拳种和诸多功法组成的一个文化集合体，它丰富的内容和各具的特色，对于社会广大平凡的习武者而言，有着广泛的适应性。在传统武术理论看来，并不存在由于身体条件差异的绝对强弱者，"高怕抱腰矮怕蹿"，各有长短利弊，只要意志所至，方法得当，弱者照样能转化为强，哪怕身体稍有残疾。王芗斋在《拳道中枢》一文中指出，光凭身体条件的"得天独厚，不得以代表拳学也"。历史上，有不少这样生动的传闻故事在讲述着"柔弱胜刚强"的道理，充分反映出传统武术的大化精神。为此，武林前辈专门创编出了一些利于有一定身体伤残的人习练的拳法套路。如流传于四川地区的"跛脚拳",就是根据跛脚者的特点而创编的拳技;又如"独臂拳",即取材于家喻户晓的"武松独臂擒方腊"的故事。身残而技高,正是此类拳技的文化主题,这也从一个侧面映照出了中华民族自强不息的民族精神。

与形体相比,传统武术对于习武者的"悟性",则要看重得多。所谓"悟性",是指建立在一种非概念化、非逻辑化,"可会意不可言传"的自我体验基础之上的心智认识能力。这种依靠以"心华发明"为特征的个人领悟,是中国传统认识事物的主要途径之一,至今有着其重要的认识论意义。在以从"有"到"无"、从"形"到"化"为特征的传统训练中,武技的"变通活泼之妙,非口传心受何以曲尽?"(程宗猷《耕余剩技·少林棍法阐宗·或问篇》)但师的"口传"与徒的"心受"相比,作为内因的后者更为重要,因为"法术规矩在假师传,道理巧妙须自己领会。"(孙禄堂《拳意述真》)著名少林武僧妙兴大师曾手书《罗汉拳诀》【图2-1】一幅,有"出于心灵,发于性能"之句,这里的"性能"即指"悟性",相当于佛家的"根器"之说,"根器"的不同,导致习武者对武技之道的把握不同。为此,传统武术许多拳种都把习练者的悟性作为重要的择徒要求。清

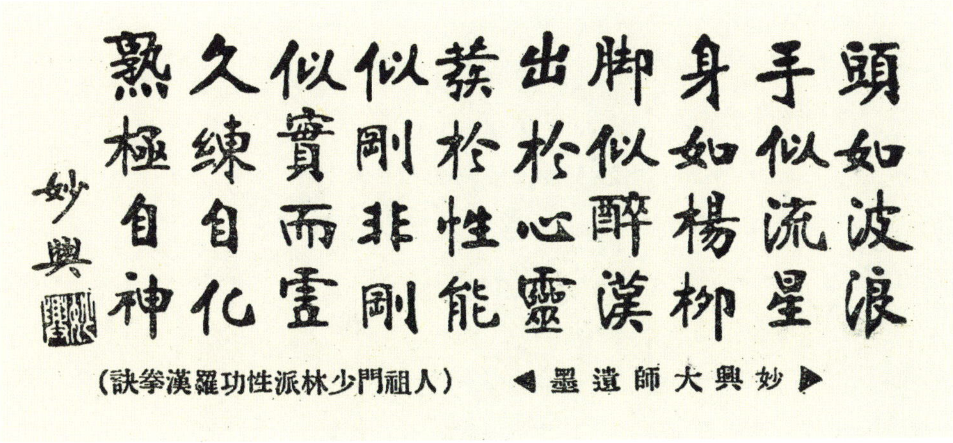

图2-1 妙兴大师《罗汉拳诀》

初吴殳《手臂录》中辑录的明代著名枪师程真如所言"谈玄授道，贵乎择人"，显然也包含着这方面的意思。

二 择徒样式

在传统的农业社会中，除了家传外，师徒传承是传统武术最基本的延绵方式，在这个方式上形成的择徒拜师，是一个反映了丰富文化内容的复杂过程，决非有人认为的那样，在传统武术的学习过程中只要有了个人的习武"初始动机"，"老师会依其动机而传授不同的内容"那样简单，在结构上，这是个有着具体的选择过程和拜师程式的文化样式。

（一）入室传薪

按照中国人习惯的人际交往方式，如果以自我为基点，那么世上的人大致可以分为两大类，一类是"自家人"，一类是"外人"。自家人的范围主要由家庭内部组成，另外也包括亲朋好友，自家人以外的人便是外人。这种内外有别的处世方式，投射到传统武术以"师门"为基点的传承关系上，也就有了师门之内的"入室弟子"和未能登堂入室的"一般弟子"，而两者又表现为择徒过程中的一个前后关系。

"入室弟子"是中国传统文化许多门类领域传承中的一个常用词，其起始甚早。《晋书·杨轲传》中说："虽受业门徒，非入室弟子，莫得亲言"，讲得即是入室弟子在文化传承中的特有意义。"拳虽小技，其道存焉"。传统武术在广大习武者中间有着崇高的文化位置，尤其是其中的技击奥义，向来被拳家视为枕中鸿宝，不肯轻易示人。但在"香火延脉"的传统观念支配下，于是就有了既要使本门技艺后继有人，又要对传人进行种种选择的传承现象。通过对前来求艺者基本条件的初步认定后，就形成了一般意义上的师徒关系。但是，这时的"徒"尚未正式收录门谱登堂入室，故只算为"一般弟子"。因为对一个人的道德品质、体悟能力的考察，难以短期内"立竿见影"，而需要一个"日久见人心"的时间审慎，"故先辈每于传人之际，必要再三审慎行之者，盖因人材难得，不肯轻录门墙"。"审慎行之"的具体方法，就是由门外到门内的两次选择，即师父对初随习武的弟子经过一定时间的考察后，"如其可以传，再口授之秘诀"，许多武功精秘及"生平得力手法，非相习久而相知最深者，不可轻于相授"（沈寿编：《太极拳谱》）。"入室弟子"和"一般弟子"两者的名称不同，考察的要求不同，认师的形式不同，其授技的内容也不同。在传统武术的传承形式上，只有递帖拜师后，才算真正形成了带有模拟血缘关系的"师徒名分"，否则仅是广义上的徒弟，与此相应的"师傅"，也只是普通意义上的"老师"而已，对于这类弟子，民间习武群体中一般又习惯称之为"学生"。直至今天，传统武术的这种择徒理念和方式，在民间习武群落中仍有其生命力，被不同程度地认同与信奉。

对于入室弟子的选择要求，依然以道德意志品质为主，既有对"忠孝仁义"为主体的日常道德考察又强调耐苦恒勤的意志品质。如太极拳入室弟子的标准是"忠孝知恩者，心气和平者，守道不失者，真以为师者，始终如一者。此五者果其有始有终，不变如一，方可将全体大用之功授之于徒也。"有的拳种则突出属于意志品质方面的"苦恒"。如《少林拳术秘诀》中说："师之授技，须先考察其人之性情、志气、品格，经三月之久，始定其收留与否，盖以师择人最严"，在肯定了对入室弟子的道德要求之后进而认为，"虽其人之性情良、志气坚、品格高洁，苟无恒久耐苦之心，专一不纷之概，师必不收矣"。

与一般弟子相比，对入室弟子的选定最大的特点是通过一定时间的考察，但时间长短各家拳种并不完全一致。如《少林拳术秘诀》中说是"经三月之久"，而大多数的拳种是2—3年。如福建永春县一份《白鹤拳总诀》抄件曰："授君秘诀岂无因，三年观看勤苦心。"被武林界一再传颂的杨露禅三下陈家沟习武的故事，其实质反映的是陈氏族人对这位外姓者矢志不渝的道德意志品质的确认。北方梅花拳的收徒同样十分严谨，"初学者必须先盘三年架子进行基本训练"，当被认可后"方可正式拜师继续学习"。显然，这种择徒方式的特点是，把反映习武者道德意志品质的具体行为，放在一定的时间段，通过枯燥单调并非常人所能忍受的各类基础训练加以真切考察，同时也为习武者日后的发展，做好了一个精神上及技术上的准备。如在这段时间中被认为不合格，那么习武者将不得入列门谱，也当然难得其武技精要，以此来保证本门武技的传承质量。

（二）拜师程式

择徒，是一个既有时间跨度，又有具体要求的考察过程，而师徒名分的最后确立，在传统武术中必须通过规范的递帖拜师仪式。在注重礼法的传统社会中，拜师是一个极为慎重庄穆之事，其作用是让拜师者在经过了长时间考察后，再一次产生强烈的精神感受。"为徒者须递帖而拜师",只有拜师入门后才算正式传人而列入门谱,否则永远是门外学生。不管是燕赵齐鲁还是晋豫八闽,传统武术拳种中都存在着一个类同相近的递帖拜师程式。

首先是介绍人。介绍人在北方的许多拳种中被称为"引师",或曰"接引师",又名"引进师"。顾名思义,是起到师徒关系的结识作用,一般需要1—2名。有些特别讲究拜师仪式的拳种如梅花拳,还专门设有一个"送师",即负责把"引师"介绍来的弟子,送到拜师场所。拜师时引师必须到场,有送师的,送师也必须到场,这就是"三师在位"(即引师、送师、师父)。南方的拜师中对于介绍人有专门的名称,如莆田、泉州地区有叫"引师"的,也有叫"中间人"的。饶有趣味的是,永春地方把"中间"读写成"中见",取"见证"之意,一般也是1—2名。总体上看,介绍人的身份大致有三类:一类是与"徒"具有血缘关系的人物,如"父兄","拜师之时,其父兄应亲自率领,行当然之礼节,方为重师之道";一类是与"师"具有模拟血缘关系的人物,如师父的同门师兄弟或早期入室弟子;还有一类是与双方都熟知的亲朋好友。

其次是拜师者在正式磕头前必须写有拜师帖子。按照习惯,这种拜师帖又叫"门生帖"。

拜师帖的内容简繁不一，但格式大体相同，一般写有拜师者的姓名、师父的姓名，有的还要写上介绍人"引师"的姓名，以及拜师的年月日期。内容详细一点的还要写上拜师者的籍贯、年龄、生辰八字，以及表示进入师门后敬重师长，遵循门规和恪守武德之类的话。帖子一般一式两份，师徒各执其一，有的一式三份，"引师"也有一份，以示郑重。有的拳门在接受了拜师帖之后要给徒弟写"回帖"，即同意接纳某人为徒的帖子。据说有些拳门习惯上在向师父递帖时要附上一点"压帖钱"，数目不定，以示敬重之心；但也有的拳种传人表示，他们在向师父递帖时会随带一点礼物，但无压帖钱的习惯。

再次是拜师立誓。拜师是确立"一日为师，终身为父"的师徒关系的最集中体现，也是传统社会中尊卑长幼伦理规定的折射。拜师的基本对象是本门拳种的师祖与师父（有的也包括师母和师伯、师叔等）。对于本门师祖的叩拜，显然烙印着农业社会的家族制中对祖先崇拜的痕迹。但两者并不完全相同，因为在叩拜师祖中往往带有浓郁的英雄崇拜意识。许多著名拳种的历史上又有哪家没有几位功夫骇俗的英雄式人物呢？然而，这种崇拜与对历史英雄或文化英雄的崇拜又有差异，由于它缘于模拟血缘关系的机制，故这种崇拜往往限于在本门的拳种内。如形意拳的姬龙凤等人，八卦掌的董海川等人，太极拳的陈长兴、陈青萍、杨露禅等人，梅花拳的邹家父子及张从富等人，八极拳的吴钟、李书文等人，以及五祖拳的蔡玉鸣，白鹤拳的方七娘等等。各地的叩祖拜师有一个大致的程序。叩拜前要点香燃烛，先向师祖遗像（或牌位、贴式）和师父跪下，或是拜师者当众念读本人在拜师帖上所写的种种誓言，或由引师读一句本人跟念一句。立誓发愿毕，即向师祖叩拜，随后向师父（师母）跪拜。此时，师父少不了给拜师者讲述一些本门的各种规矩要求和一些勉励的话。这个过程结束，严格意义上的"师徒"关系也就正式形成，同时也意味着拜师者已被正式收录在本门的谱系之内了。随着社会的发展，以上拜祖拜师的内容在各地已发生了不同程度的变化，但拜师程式中需要介绍人、递帖和拜师的三个结构，至今被许多拳种普遍延续着。

第二节　师道尊严

师徒传承,是历史上传统武术延绵不绝的主要生命形式。李泽厚在《中国古代思想史论》中指出:"中国古代思想传统最值得注意的重要社会根基,我以为,是氏族家法血亲传统遗风的强固力量和长期延续。"传统武术中的师徒关系,实际上并不是直截了当地表现出来的,而是以模拟血缘关系为机制,从而形成了与"父"同构的师和与"儿"同构的徒,人们习惯上称呼的"师父""徒儿",即李先生所说的"血亲传统遗风",它体现为一种模拟的家庭结构。在这个以宗法制为特点的结构中,师父犹如一位处于中心位置的家长,具有特殊的地位与作用,同时也负有着相应的责任与要求。

一　师父的作用与地位

唐代"文起八代之衰"的韩愈曾对"师"作

过一个经典性的注释："师者，所以传道、授业、解惑也"，师在整个人类文化传播中的价值是不言而喻的。明末思想家黄宗羲说："古今学有大小，盖未有无师而成者也。"（黄宗羲：《苏州张三峰汉月藏禅师塔铭》）学有所成，有赖师教，因此师道尊严。

在传统社会中，一切以实践经验为特征的百工诸艺的衍流，往往是通过掌握着丰富实践经验知识的师辈对后继者的传带，其中包括武术。前人指出"凡学百艺，莫不有师，况乎技击之学……苟无师承，宁窥其要耶？"（卞人杰：《国技概论》）故产生了"打走无师，终生有误"、"苦练三年，不如名师一点"等大量民间熟知的武谚，表明人们在习武过程中对师父的价值肯定。民国时期的《梅花拳秘谱》形象地描述道：拳技"细微精妙，深远博奥，望之而无津涯，究之而无底蕴……夫练拳之人，尤茫茫大海中之孤舟乘者，虽尽力摇橹，奈朦于云雾一望无际而不辨彼岸，虽力竭喘死，而不能抵岸。是故，必有善船术者以导之，虽摩微力，转瞬间亦可至也。"这种求艺对传艺的需求与依赖，造成了徒弟对师父崇拜和服膺的最根本原因。

对于师的价值肯定，集中体现在"敬重师道"上。从习武者的角度讲，这个"道"大约包括两层意思：一是指习练意义上的听从师父在传技中的种种要求和吩咐，循序渐进；二是伦理意义上对师父本身的敬重，不得僭犯违拗。明代的戚继光在《练兵杂纪》中把确立"师道"看成习武者能否有得的一大条件，他说："敬习之道，先重师礼。古云：师道立而善人多……师道不立，则言不信，教之不遵，学之不习，习而不悦，师道废而教无成矣。"为此，许多拳种无论在行为上抑或观念上都强调对于师道的尊严，并制定了各家简繁不一的许多门规戒约。至今余韵不绝的拜师程式，既是一种尊卑长幼等级制度的反映，同时也是一种对于习武者从精神上、思想上体验师道尊严的行为实践。如北方地区的梅花拳还规定，除递帖拜师外【图2-2】，每月朔望之日还当行拜师之礼，南方白鹤拳中，也有每月农历初二、十六请

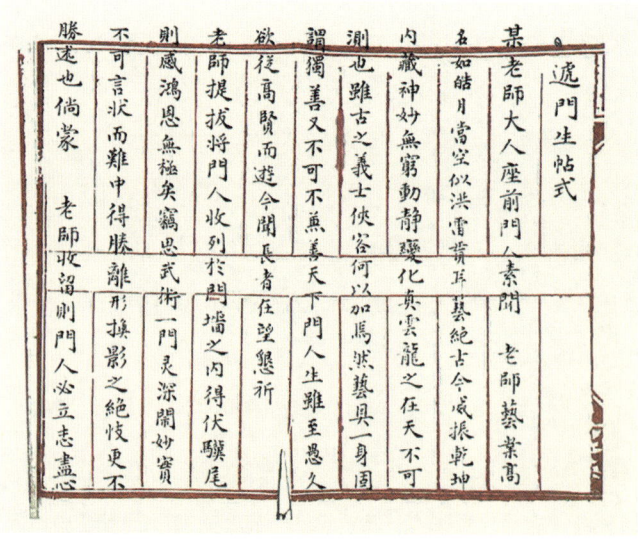

图2-2 清武术抄本《燕青拳谱》"递门生帖式"

师问安的传统。另一方面，凡是有违师道者，都被视为"轻狂可恶"，不可教者。梅花拳第五代传人清康熙朝壬辰科武探花杨炳在《习武序》中，曾举以偷袭师父为手段欲习真技的例子来表明他对有违师道者的鄙薄："俗人曰：不打师傅不得妙着。每有乘师无备偷刺暗打，最是轻狂可恶。窃思奇招妙法何师无之，皆因弟子轻薄，不知尊师重道，故秘而弗传。"

传统武术中的"师道"，透现着浓厚的伦理学色彩。在明清之际的一些文献材料中，一般把"师傅"写为"师父"。傅，原寓辅导、教导之意，又指负责教导或传授技艺之人。稍后，师傅的"傅"，衍变成谐音的"父"，这正好从一个侧面反映了在传承关系上的伦理化过程。

传统武术中的师徒关系，本是多边社会关系中的一种，但在传统社会中，这层关系也被血缘化、伦理化了。"师徒如父子""一日为师，终身为父"，是所有拳种门派坚奉不渝的信条，同时体现了师在这层关系中的至高地位。"徒视师若父。遵师命，守师训，忠心耿耿，绝不能有三心二意。"（《沛县六步架大洪拳谱·拳规》）近乎口语般的表白中，透露的却是来自历史深处的文化信息。20世纪80年代后半期，中日两国史学工作者在进行有关义和团运动的社会调查中，也收录了类似的材料，"问：习武弟子对老师的命令是必须服从吗？答：是的。对老师的命令是必须服从的。"（佐佐木卫：《关于近代中国农村社会民众运动的综合研究·山东省高唐县琉璃寺乡调查》）必须"遵师命，守师训"的"师为徒纲"，是传统社会宗法制下"父为子纲"的伦理翻版。当然，"师为徒纲"式的师道尊严体现得如何，既有赖于传承弟子对它的恪守遵奉，也需要为师者无论从行为表率到道德情操上的自觉维护。也就是说，"师道"不仅体现为对徒的种种要求，同时也有着对传授者的具体规范。

二 师父的责任与要求

由师父与徒弟结合而成的传习双方，共同构成了中国传统武术的主要传承载体。传统武术在对其中之一的练习者——徒提出了种种要求之外，也对传授者——师提出了相应的责任与要求。明末著名学者王夫之认为，作为师长应该以身垂范，为人师表，以自身的道德、学识和行为去感染熏陶学生。他在《四书训义》中说："师弟子者以道相交而为人伦。故言必正言，行必正行，教必正教，相扶以正"，并认为教师的"正道"与"躬行"是教育学生的根本力量与方法。要求为师者言传与身教相统一，是中国传统教育思想反复强调的重要内容。早在先秦时期，孔子就有"不能正其身，如正人何"之言，不仅课读经史子集如此，传习百工技艺也概莫能外。就传统武术而言，对于师父的"正道"与"躬行"，主要表现为对师的道德规范和对武技的传授两大方面。如果说"谈玄授道，贵乎择人"是对所选择传人的一种审慎，那么武谚"要学真本事，首先重择师"，即是要求对所随从之师的一种明辨。

如同把道德标准作为择徒的主要条件，道德要求同样是每一位为师者所必须面对的道德律令。这个道德要求表现在两个方面：为师者个人的道德修养和所要承担的道德责任。在一些古代有关史料中，既对那些"一技在身，如藏至宝，便不肯尽其法以诲人，且或需索供养，以厚薄为是非"（《练兵杂纪》卷二）的唯利是图之人进行了批评，同时，对内家拳早期传人张松溪、王征南等或为人"恂恂如儒者，遇人恭敬"，或身怀绝技而"绝不露圭角，非遇甚困则不发"（黄百家：《王征南先生传》)的良好道德风范进行了肯定。清代以降，对于为师的道德要求不再是停留在一般的舆论评判上，有的拳门以正式的文字形式立下规矩。如杨炳在《习武序·习武规矩十二条》中规定，"凡传教之师，断不可重利轻艺。苟授匪人，败名伤德，明有王法，暗有鬼神，可轻泄哉？……如千银万金，礼若涕唾，岂足以动至圣之心！教师当如是耳。"这里强调的是对为师者的义利之辨要求。其后，对于师的道德要求内容更加丰富，如孙锡坤的《八卦拳真传》中要求"人格秉性,坐卧言谈,动作精神,皆与普通之人有异""不损人利己,不逞自能",进而在认识上把师的道德水平和技艺水平结为一体,从中展现出道德力量来。"若能以谦抑为言,不夸大,不浮躁,于拳理能津津乐道者,此则养气功夫之表示,而推测其武技亦必高超……如夸说自己之技可以横行一方,目无余之者,此种武技教师简直可以说毫无实用,徒自骄矜者,又焉足为人师哉?"(陈国庆:《鹰爪翻子拳》)这里强调的是对为师者人格秉性,言行举止和待人接物等的多方面要求。

道德责任是对为师者的又一大道德要求,客观上构成了传统乡土社会中对受教者道德教化的一个有机组成部分。习武群体内为师者的道德责任,按其内容可归纳为三个方面。

一是对徒弟的道德状况进行考察。道德要求是择徒过程中的一个最根本标准,而判别是否合乎这一标准的责任者则是师父。在这个问题上,师父往往会面临一个是求德还是求利的选择。在中国传统义利观的深刻影响下,传统武术早就作出了明确回答,广大习武群体历来鄙视择徒中只顾"需索供养,以厚薄为是非"的逐利行为。光绪二十三年(1897)《少林庵万代秘传》的武术抄件中说,"不问其人如何而贪财,恐失前传后教之面目也。"授徒不是卖艺,故"断不可重利轻艺",武林前辈一向认为:"教人不善,罪作于师",

这是传技者择徒时必须负有的基本道德责任。历史上，许多武林人士用他们的实际行动践履着"宁可失传，不可轻传"的信条，因而，一些技艺功法因无传人而导致失传的现象并不少见。诚如黄宗羲在《王征南墓志铭》中对王征南的高洁品格作了概述后所叹赏的那样："有技如斯，而不一施。终不鬻技，其志可悲！"这种历史传统，无疑是中国武术文化中一种宝贵的精神资源，也是作为"师"自身尊严的体现，这对当代中国武术活动的健康开展，具有现实的文化意义。

二是对徒弟的道德教育责任。当师徒关系正式确立后，徒弟即开始了他系统的习武生涯，而师父在传技授艺的同时，必须负有道德教育责任。没有规矩，不成方圆。梅花拳把弟子入门称为"入规矩"，颇耐人寻味。"入规矩"者，更多表现为师父对徒弟入门后的道德管教。翻阅有清以来一些拳谱资料，几乎都有对徒弟从日常起居到习武训练的种种道德规范与要求，这些内容不仅需要师父在拜师仪式上给徒弟讲述明白，更需要师父平日的督促实行，"以显师长教育有方，免被他人讥笑于后"（《沛县六步架大洪拳谱·弟子礼仪》）。从道德教育的具体内容看，既有日常道德伦理的教育，又有表现习武活动特点的意志品质教诲。杨炳在《习武序》中提出师父在传技中，使弟子"务要他知孝悌忠信礼义廉耻之道""务要使他知

身体发肤受之父母，不敢毁伤""凡学技之士务要知安详恭敬"等；要求师父在传技过程中注意培养徒弟吃苦耐劳、坚韧不拔的意志品质，同时对徒弟进行有关武德中侠义精神的灌输。通过一系列的方法、措施、道德训条和伦理规范，逐步化为习武者个人的情感体会和价值认知，从而在习武中去躬身实践。

三是负有道德强制责任。道德强制，是指在习武传承中，如师父发现徒弟品行不端，而任何教育或训诫都无济于事时所采用的某种强制性手段。最常见的方法是请一些有关人员来"声明解除师徒关系"，列入拳门谱系的则取消其谱籍，予以除名，"万勿使我谱内有此污点，以贻笑他门"（《沛县六步架大洪拳谱·拳规》），从而保持本拳门的清白，这就是武林传闻中常听到的"清理门户"。至于清理门户能否自行将逆徒毙命以存道义，目前尚未有确切的史料佐证。在封建社会中，"除君主、法司外，法律不承认任何人任何理由的杀人权力"，"即使过失杀人，也要受到法律的惩处"。（徐杨杰：《宋明家族制度史论》）

传统武术认为，习武求艺"非师不能通圣"。故为师者本人的技艺水平高下及传技授艺是否得法，是决定徒弟日后能否登堂入室的关键所在，也是作为对师在技术传承中的两大要求。《国技概论》中说："学有浅深，术有优劣，人皆乐得上乘之技而习之……若下乘之技，中虽劣而形转奇谲，鱼目混珠，似真实假，倘不择所从，一入歧途，即不可反矣"，这是人们在习武实践中的切身感受。《少林拳术秘诀》作者把武功按佛释分为上、中、下三乘，认为各人不同的功夫境界与其不同的师承有关。能够获得上乘功夫之堂奥，是历代习武者孜孜追求的基本价值。这一价值有着极鲜明的功利色彩，许许多多的习武者之所以能冒寒暑，谨执礼，经受种种考察训诫而成为入室弟子，其根本目的就是希冀能从师父那儿习得真技实艺。因此，武技水平是每一位被尊为"师父"者赖以建立个人威信和地位，并能对本门产生强大凝聚力的必要条件之一。反之，如果"师艺浅"，就会像《习武序》中所描述的那样："全无师弟之分，绝无尊敬之意……徒有习武之名而全无真艺之用也"，有失体统尊严。在许多记载和传闻故事中，不少人正是知晓或目睹了为师者的神功绝技后，方甘为圯下孺子苦求入门的。《角力记·考古》中记载，唐末时"五陵年少，幽燕任侠"数百人"相从诣教"于一位蒙万赢者，因为此人"时辈皆惮其拳手轻捷"；《文安董公墓志》中称董海川"游其门者常数十百人，名由是历久弥彰"。武谚"打拳没有巧，全靠功夫做师父"，道出了人们对师父的价值要求与选择。

梅花拳传人杨炳在《习武序》中说："自古学武难，传武更难"，因为"不怕徒弟学不好，就怕师父教无方"。对于师父的技艺传授，传统武术提出了三个基本要求。第一要求师父严格认真。俗语说"严师出高徒"。师徒关系的形成是一种后天的、具有一定自由度的双向选择过程，但这种关系一旦形成，师父对徒弟就具有很大的管束性。《少林打经书拳谱》中要求："不传之时犹自可，传出之时不顺情"，武谚"教武要认真，不能把人误"，表达的也是同样的一个意思。第二，明拳理。如《苌氏武技书·初学条目》提出"学拳宜明其理"，这既需要习武者长时间勤学苦练中的体悟，也需要为师的点拨，所谓"苦练三年，不如名师一点"。民国初期的孙锡坤在《八卦拳真传》一书中，曾记述了他初学拳法数年中一直难窥武道门径，其主要原因就在于他"无人指点，不明拳理之故"。习武中如"无明师之善诱，其成功亦难希冀也"；但若师无善诱之能，也难以担当"善船术者"之责，终使习武者"奈朦于云雾一望无际而不辨彼岸"。(《梅花拳谱》)第三，因材施教。传统武术社会基础广泛，各方习武者无论是年龄、体格，还是根器、个性，都存在很大差异。为此，清雍乾时《习武序》作者杨炳明确提出了"因材而教"的观点。他在《习武序·习武规矩十二条》中指出："凡入教习武之士，（应）

谅其身之强弱，人之雅俗。"除了身体条件外，不同的个性亦是传统武术有关因材施教所考虑到的问题："夫人之性情，各有不同，大抵可分为两种，曰刚与柔是也。……上述性别，关于学者之本性，应注意之。学者以性情之不同，而所得结果亦异"。（吴公藻：《太极拳讲义·总论》）

  总之，作为一名令人敬慕的师父，不但自己要有良好的道德情操与高超的武技水平，还要对徒弟负有道德伦理上的教诲和具有善于利用各种条件、充分发挥习武者自身的有利因素，从而使其习得武技真经的能力，这是传统武术理论中一以贯之的思想观点。

第三节 师徒传承

中国的传统社会，是一个以血缘关系为基础的家长制宗法社会。在人类发展史上，血缘关系原是人类社会最初的一种社会关系，然而在中国漫长的封建社会中，这种关系被不断强固，并不断被社会化，或社会关系血缘化。血缘关系的家族传代，是一个不断分裂、异化和自立的过程，所谓"君子之泽，五世而斩"，但出于一种文化认同而自愿凝聚的模拟血缘关系，它既有血缘式的情感牵萦，又有在认同基础上世代相延的传承自觉。传统武术那令人钦羡的生命力，就是这种文化传承的结果。

一 社会群体中的又一结构

社会群体在社会学中的解释是，"泛指通过一定的社会关系结合起来进行共同活动的集体。"（《中国大百科全书·社会学卷》）人与人之间不同的交往，形成了不同的社会关系，以及在此基础上组成的各色社会群体。以传习武术形式聚结的师徒关系及形成的拳种门派传承，也就是这种关系或群体中的又一结构。历史上，特别是在动荡不安、生活环境十分恶劣的社会中，师徒间的武术传承，往往会成为凝聚人群的一种组织方式，继而发展成一种社会力量。宋代徐松明确指出："习学枪梃弓刀，艺之精者从而教之，一旦纠率，惟听指呼以成风。"（徐松：《宋会要辑稿·刑法》）这种情况一直到民国时仍有其踪影："在华北各乡村间，拳场林立，尤以冀鲁豫一带各村皆有拳场。每逢农暇夜晚，农民多赴拳场练拳，每拳场皆有教师头收徒教授。……老师头之门徒散布各地拳场，则老师头之号召能力，不亚于无冕皇帝。"所谓"老师头"，即指那些在拳场中享有威望的师父。在南方，其情形也大致相似。清乾隆年间，福建布政使德舒在《收辑技勇疏》中提到，闽省民间"毋论秀顽，好学拳棒，往往创立会名，联合声势""迨聚集日久，结交既广，或恃勇技过人，或逞机谋聚众，肆然无忌……妄悖猖狂，蛊惑人心"。以上有些组织如梅花拳至今仍潜存民间，有着相当广泛的拳门认同与群体凝聚。

  以师徒传承习武方式形成的这种社会群体，有其鲜明的结构特点。

第一，具有明显的家庭伦理色彩。"家"是中国传统社会的最基本形态，也是中国人内心最基本的情感倾向。在以模拟血缘关系为机制的传承关系中，也同样形成了一种以师父为中心的模拟家庭结构。在这个结构中如以一个习武者为基本点的话，那么通过这个基本点就形成了纵横两个维度的人伦关系网络。在纵的这个维度上，可以分为具有明显父系血统特点的长辈和小辈，长辈如师祖、师父（师母）、师伯、师叔等，小辈如徒弟（儿）、徒孙、师侄等；在横的维度上，则是指平辈之间的师兄、师姐、师弟、师妹等。这张错落有致、辈分有序的人伦关系网，把拳门中所有的人都凝聚起来，使任何一位进了门的习武者，都可在这张网上寻找到自己具体的位置，以便履行自己的权利和义务。

第二，具有高度的角色意识。不管是向徒传技授艺还是随师学武练功，都必须通过一定的人际交往而进行，在这一过程中，双方作为一个特定的角色参与其间。"师徒如父子"这句简朴的民谚，就是对传习双方的模拟家庭角色的分配。"遵师命，守师训""教武要认真，不能把人误"等等，即是对可传承角色提出的最基本的行为规范。这种规范具有文化先期性，可通过整个社会的文化倡导和自身群体的传承实践，逐步转化为个人自觉的内心意识，从而维护群体的稳定与发展。

第三，具有对师父强烈的价值认同。传统武术习武群体的自身凝聚力，首先建立在于对师父高度的价值认同上。从发生学角度考察，价值认同一般可分为"教育认同"和"自然认同"两种。在武术传承中，教育认同表现为习武者在习练过程中接受师父的各种教诲而产生的遵从认同；自然认同则表现为因生活环境、文化心理等原因而产生的一种"自然而然"的价值认同。"只有不是的徒弟，没有不对的师父"，即是传统传承中人们在教育认同和自然认同基础上对师父价值的绝对肯定。反之，如一个习武群体内部对师父的价值认同开始动摇涣散，那么就意味着这个群体自身已发生裂变。

第四，具有相对的松散性和排他性。传统的习武群体尽管以模拟血缘为机制，并由此形成了一张带有浓厚家庭伦理色彩的人际网络，但它毕竟不是严格意义上的血缘家庭，复杂的人际利益关系或各种随时而至的社会变故，必然使它比真正的血缘家庭更易发生群体衍化，时而众徒辐辏，时而零星式微，时而又可能会中道复兴，表现出较大的松散性特征。

一个由师徒结成的习武群体，本身即是武术文化的传播载体。在中国古代自给自足的小农经济生产方式的深刻影响下，以师父经验认知为

主导的传统习武群体，在群体内部闪烁着温情脉脉的人伦色彩，同时对外却表现为相当的文化排他性。这种排他性一方面固然不利于拳种之间正常的融摄取长，时常导致彼此形同畛域，甚至相互攻讦，但另一方面在当时条件下对本门拳种从技术到理论的丰富发展，具有积极意义。

二 师徒传承的现代意义阐释

丰富的拳种门派，是传统武术中最重要的文化存在。考察其形成和文化根源，我们可以从不同角度对此作出种种分析和推断，但以模拟血缘为特征的师徒传承在其中起到的作用，无疑是显而易见的。事实上，在整个中国武术的历史进程中，以纯粹血缘相延的拳种可以说几乎没有，因此，我们有理由认为，师徒传承是迄今为止传统武术生命存在的基本方式。但是，在封闭型的小农经济生产方式和社会文化心理等多重因素作用下，师徒传承存在着它无法逾越的历史局限。

首先表现为强烈的人身依附性和森严的等级之分。"一日为师，终身为父"是每一位入门者必须铭记的第一训条，"遵师命，守师训""若有三心二意，天打五雷轰"的入门誓言，时刻萦绕着每位弟子的身心，作为考量徒弟品行的"叩头三千，呼师八百"，又何尝不是封建社会等级制在习武群体内的形象反映呢？其次是容易形成守旧心态。"守旧"是每个传统文化系统中都普遍存在的现象，问题的关键是守什么旧。中国文化有着浓厚的历史意识，加上社会的各类活动有赖于世代相传的经验，因而掌握着经验的长辈受到了社会的普遍尊重，作为小辈则必须以服从的代价去换取这种经验。在师徒传承中，师父及上辈所言的一切，是经验与智慧的化身；所要求的一切，便是徒儿们必须践履的内容。只要"按法施行，再赴之以恒，则无不成功者也"（金恩忠：《少林七十二艺练法》），应该说，长期以来传统武术在方法和理论上一直少有突破，与这种盲目的守旧心态有关。

此外，师徒传承的历史局限主要表现在各拳种之间的门派之争上。拳种门派的形成，本是由一种文化个体向文化复合体的扩展。模拟血缘的师徒传承，在某种意义上是文化的同门聚族。因而，在门内人和门外人的划分下，在拳种门派发展的同时，也产生了彼此之间的门派争斗。中国武术史上，门派之争由来已久，不仅有内家、外家之争，即使同一拳种内部，如非同一师门的，也为争正统、争嫡传互不服气，互相嘲讽。早在清初期，有位名叫王南溪的人就针对那些"分门外户，巧捏色名，往往自以为誉，曰吾术之近路也"的情况，抨击了"庸人陋习，学此非彼，学彼非此"的狭隘门派思想。步入近代社会以后，中国文化格局发生了很大变化，但武术中的门派之争并没有因此而得到多少改变。1928年中央国术馆建馆当年，就发生了少林门与武当门之间的拼搏较手，实际上是当时各种原因作用下门派争斗的一次集中暴露。至于民间不同拳种、不同师门之间似假似真的比试斗拳，更是屡见不鲜。时至今日，门派意识较前虽已大大淡化，但仍积存在相当一部分人的观念中，并不时地以各种方式表露出来。

门派之争给武术的健康发展带来的妨碍是显而易见的，为此，早在民国期间，要求摒除门派之争，成为许多有识之士的社会呼声。然而，在这种门派之争的背后，传统的师徒传承起到了相当大的作用。由于以师父为中心的传承方式，往往是以家长制管理为运作机制，非常鲜明地体现出一种传统社会中"顺即为孝"的伦理特色，"常恐有犯师之尊严而不敢背"，喜师之所喜，恶师之所恶，故极易囿于师门之见而成为争端的双方。意拳宗师王芗斋在《拳道中枢》中曾批评："门派之争，常以师徒制之流行而益烈，入主出奴，纷纭扰攘"，故他力主"解除师徒制"，"以期逐渐扫除门派之观念"。对于师徒传承中这种文化负价值的描述与分析，当然不是以上寥寥数语可以言尽的，这里不过是撮其大要，以期能对今人清醒地认识这一文化现象有所参考。

在传统小农经济土壤中滋生、形成的武术

师徒传承关系,如同任何一种传统文化事象一样,在它的生命进程中有着种种陈腐流弊,但始终没有停止过自己的文化脉搏跳动,它穿越时光又一次进入人类的新纪元,无论在大江南北或是黄河两岸,师徒传承依然存留在广大民间的习武群落之中,这本身就是对它文化价值的历史肯定。当我们今天站在历史的交汇点上,又如何看待师徒传承在当代的积极意义呢?

首先,有利于拳种技艺的经验积累和技术发展。文化的进步与发展未必都是在开放的状态下进行和完成的。师徒传承是在一种相对狭窄的范围内进行的,但是,双方通过模拟血缘连结的师"父"与徒"儿"关系,使得传技者尽心尽力,言传身教,务使徒弟真正掌握弄懂学会;同时,在师父的严厉管束下,习武者刻苦习练,不断体悟领会。这样,各门拳种技艺就会在传承内部代代传授,代代总结,使各门的拳理功法在基础上不断向纵深发展,从而形成了传统武术博大的文化气象。诚如马克思在《资本论》中分析印度种姓工匠的技艺时说的那样:"正是父传子、子传孙一代代积累下来的特殊熟练,才使印度人具有蜘蛛一样的技艺。"把不同拳种门派的发展视为武术门派争斗的渊薮,理论上不能说毫无根据,但所主张的传统武术技术风格上"无尔我之分,派别之异,内外南北之别,完

全一元"之说，不可能是中国武术发展的坦途。试想，如果传统武术一旦成为一种模式，那么它丰富的文化景观就会大大逊色，缺乏勃勃生机，没有了刚劲凶猛"硬打做软"的少林拳，也不会再有柔绕弹抖"牵动四两拨千斤"的太极拳，千拳一面，而文化的生命力恰恰在于它的多元化。历史上，一批批各类拳种的传承者们，在一种巨大的文化感召下，恪守传统，甘心于贫困寂寞，不为荣辱贵贱所动，把习武作为一种生存方式，为本门技艺穷尽毕生之精力。也许他们没留下"惊天地，泣鬼神"的动人业绩，但用他们自己的全部心血默默地描绘了中国武术的历史画卷，可敬可畏。对照眼下在商品经济冲击下，不少人把武术传承看成一种纯粹的商品买卖关系，对学武者不分良莠，一概视作"衣食父母"，或"重利轻艺"或"托名自炫"的趋利行为，传统武术的师徒传承方式给我们提供了一个有益的价值启示。

其次，具有在文化认同基础上产生的群体凝聚价值。师徒传承是血缘宗法在传统武术文化上的投射，双方以武术的传承为纽带，通过对伦理准则的认同而自愿结合起来，形成了一张充满人情味的人伦网络。即使入门者是位异乡客，只要进了门，入了谱，就能在这个"大家庭"中找到自己的角色位置，而不会显得孤单寂寥，从而产生一种让人难以摆脱的归属感。清代学者李塨曾讲过一句话："人特患无归耳"，说出了人类这个物种最根本的情感所在，人在生命旅程上最怕的是"嫁与东风春不管"的漂泊无着。在中国传统社会中，归属具体表现在人对家的眷恋，对于一位习武者而言，师门即是他习武生涯中的归属。这种归属包含两层意思：一是作为习武者个人对师门的依凭，二是所习之技能学有所出，而不是一种"诘其所学，茫无应声"的无根之艺。向恺然在《我个人对于提倡拳术的意见》一文中提到："中国拳术家，素重门户家数"。尤其对一些入了"名门大宗"的习武者而言，这种归属感就更为强烈，他们更容易产生一种高度的文化认同，以及在此基础上形成的凝聚力。【图2-3】这种凝聚力犹如一把双刃剑。就武术而言，它既可以推动传统武术的不断发展，也可能造成不同拳种之间的心理隔阂而酿成门派之争。事实上，历来的门派之争并非拳种技术差异的产物，更多的是一种文化心理隔阂的恶果。有人针对门派之争，主张无技术上的"内外南北之别，完全一元"，其偏颇也在于此。

有着悠久文化积淀的传统武术，已形成了一套自己的文化模式和价值尺度。既藏蕴着具有永恒生命力的智慧菁华，也附丽着不可避免的历史局限，同时更多地隐匿着需要通过一定的文化转换机制,才能焕发出时代功能的文化传统,师徒传承就是这样一种传统。列夫·托尔斯泰曾说:"正确的道路是这样的:吸取你的前辈所做的一切,然后再往前走。"武术中的师徒传承当作如是观。

图 2-3 1929 年十三位武术家合影

第三章　由形臻化

　　中华武术拳种门派繁多，各家的拳理功法各有所长。它们在长期的发展过程中逐步形成了不少具有普遍规律性的活动样式，诸如以拳法为武技之源，讲究招熟求变基础上劲力的纵放屈伸，以及所要达到的神明境界等。另外，为了尽可能提高技击水平和抗击打能力，习武者还要习练各种内外功夫，这是传统拳种中极为重视的一个内容。

第一节　以拳筑基

在传统武术中,"拳"有广义狭义之分。狭义的"拳",指"不持寸铁"的徒手搏斗之技,古代又称为"白打"(原指我国古代的一种蹴鞠形式);广义的"拳",则几乎就是武术的代称。如民间通常所谓的"拳师",一般是指擅长武技者,"练拳",即是习武之意。习惯上人们有时还把某一拳种指称一个武术门派(如少林拳、峨眉拳等)。以上这种文化心理上的认识定势,其实都缘于"拳"在整个武术结构中特有的重要地位所致。

早在古代武术大发展的明代,戚继光的《纪效新书·拳经捷要篇》中就对"拳法"的价值予以了高度评价。尽管在这位古代军事家看来"拳法似无预于大战之技",但他同时又指出,诸如刀、枪、剑、棍及弓矢、挨牌之类,"莫不先有

拳法活动身手",因此"其拳也,为武技之源";至后来的少林武术中,更明确提出"少林武艺十八般,拳法首列诸艺源"一说。毫无疑问,世界上每个民族都有自己"两两相当"的搏击之技,但是,不同民族不同区域的文化规定使然,又使每个民族都有着对武技之道的不同认识和实践方法。以拳法为诸艺之源,而拳法的习练过程中又以势势相承的套路作为入门之法,则集中表达了中国武术的活动特点和技术样式。

一 双重结构

套路是传统武术的主要活动形式之一。民国时期就有人指出:"国术在形式上的特点就是注重套路"。从文化学的角度讲,没有套路也就失去了中国武术的特点,就不会形成传统武术的系统发展;从训练学的角度讲,套路的出现,为广大习武者提供了一个可效仿、有规矩的训练形式。明人《耕余剩技》云:"不有成法相授,能身臂指使动如意乎?"在练为战的价值追求下,传统武术形成了包括套路、散打及功法练习等多种内容有机组成的活动体系。虽然套路的某些衔接转换处像吴殳《手臂录》中指出的那样"须有虚势以济之,不可兼贵实用",但总体上还是以"武"应具有的技击价值而展开的。鉴此,就习武旨归而言,《阵纪》作者所说的诸如"宋太祖之三十二势长拳、六步拳、猴拳、囮拳,名虽殊,而取胜则一焉"。无独有偶，民国时期也有人总结道，诸家之拳技"顾其式法虽各自殊别，而其能打敌制胜，则一也"（庐景贵：《曹氏八卦掌谱·总论》），同样明白无误地道出了传统武术在技击价值观上的一致性。可以说，以拳法为诸艺之源，以套路为入门之法，继而拆招、散打并兼习各类功夫，由此组成了传统武术的基本活动方式，自明代一直延续至今，成为传统武术发展的一条文化主脉。

然而，任何民族的文化传统都不可能只是单一因素，而总会包含着不同的价值体系。传统武术中的"练为看"，就是相对于"练为战"而存在的另一价值追求。人们常说中国文化是种"审美文化"，即往往习惯于在一切人文领域中体现一种艺术精神。古代武术套路的形成与发展，是在军事武艺基础上不断受到古代舞蹈、戏剧、杂技等多种文化形式的影响，具有自身的审美功能。不过，作为内在机制的两种不同价值追求，因此导致了中国武术发展中"练为战"和"练为看"的两种不同技术走向。练为战，以具有强烈攻防含义的套路为入门之法，以对接散打为中介，最终追求一种"因敌成体"而制胜于无形之间的脱化神明之境；练为看，则是为了博得观众喝彩而强调其观赏性，始终停留在一种预设性的"形"的表达上，在一种虚拟、写意的举手投足间，表现出演练者的一种攻防场景，从而产生出美学理论中所谓的"移情作用"，给观赏者以浩然自快的审美愉悦。

尽管花式套路的形成、发展同样出于一种"不离日用"的务实态度，但因对"武"的主体价值刻骨铭心的认同，故自古至今在人们的意识深处，随时流露出对玩药架子"江湖卖技"的鄙薄。明代，就有所谓"花拳入门，错了一生"的诫言，尤其戚继光等人，直斥"徒支虚架，以图人前美观"的花式拳棒，"视为戏剧套数"。尊我斋主人在《少林拳术秘诀》中认为："江湖卖技者流之使演拳棒，纵使得五花八门，终属外家（即外行），不能入名人之眼也"。许多传统拳种都把"不准打拳卖艺"作为门规戒律，反映出人们对传统武术价值追求的一致性。事实上，"戏剧套数"只是传统武术的一个补充，始终未能成为中国传统武术技术发展的价值命脉所在。因此，这里所叙述的传统武术，当然是指以"练为战"为价值特征的人体活动方式。

二　套路习练

武谚"习武先找形"，指的就是以拳法为根本的形架套路练习，这是传统习武程序中的初始阶段，"不参色相、不着筌蹄"的神明之境，也正是由形架规矩脱化而来。中国武术研究院藏《螳螂拳谱·演式论》抄本【图3-1】中写道："演

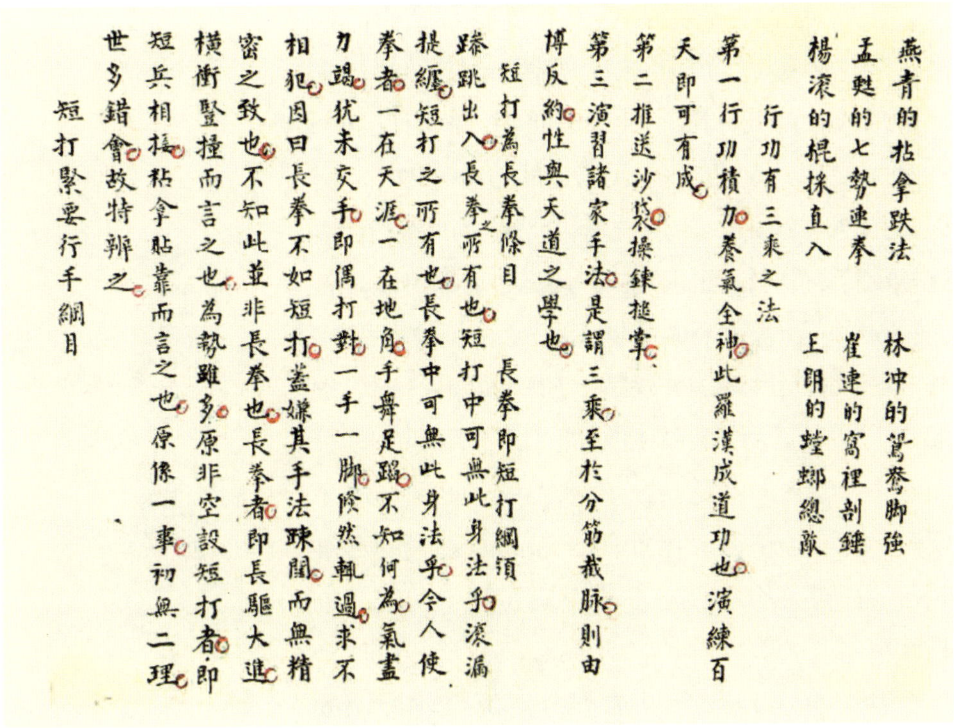

燕青的拈拿跌法
孟魁的七势连拳
崔连的窝里剖锤
杨滚的棍揉直入
林冲的鸳鸯脚强
王朗的螳螂总敌

行功有三乘之法
第一行功积加养气全神此罗汉成道功也演练百
天即可有成
第二推运沙袋操练挺掌
第三演习诸家手法是谓三乘至于分筋截脉则由
博反约性与天道之学也

长拳即短打纲领
短打为长拳降目
蹿跳出入长拳之所有也短打中可无此身法乎滚漏
提缠短打之所有也长拳中可无此身法乎今人使
拳者一在天涯手舞足蹈不知何为气尽
刀蹶犹未交手即偶打起一手一脚儵然辄过求不
相犯因曰长拳不如短打盖嫌其手法踈阔而无精
密之致也不知此并非长拳也长拳者即长驱大进
横冲竖撞而言之也为势虽多原非空设短打之
世多错会故特辨之原像一事初无二理
短兵相接粘拿贴靠而言之
短打紧要行手纲目

图 3-1 清武术抄本《螳螂拳谱》

武如写真，写真宜肖，演式亦宜肖"。这里的"肖"，指中规中矩的正确性而言。前代有些拳家往往将由"形"至"化"的习武过程比作学书，"学成楷书，然后学草，乃有规则；先学草书，于楷远矣。"（《手臂录》卷二）严格有序的套路习练，无疑能给习武者的体能、技能和心理等方面带来一系列的影响。民国时期的孙禄堂在《拳意述真》中曾对此作过一个道家哲学式的总结，"成法者，是初入门教人之规则，可以变化人之气质、开人之智慧、明人之心性，是化除后天之气质，以复其先天之气也"。围绕技击而组合的成法套路，在技艺上有两个基本构成：一个是技术动作的招法，另一个是劲力，两者紧密联系。因为"任何一种招式，都要伴随一种劲力使用，同时任何一种劲力使用，都要凭借于一定的形体动作"。所以，招法与劲力成为传统套路习练的两个重点。就招法而言，技至上乘的举手投足，都可以是各类招法的呈现，所谓"动即是法"。但这种臻境并非天成，因为武术技法"大都超过平日起居之动作"，须经系统习练后方能"由不便利而进乎便利"。套路，就是传统武术"由不便利而进乎便利"的一条路径，诸如传统练武原则中的形神兼备、内外六合等要求，也就有了一个可落实的具体形式。

套路练习是一个以求周身上下整体协调的人体运动形式，其中寓有的招法，也是手、眼、身、步诸法的有机配合。

手法，指上肢的攻防变化方法，它是拳艺技法的重要体现。如武术中常说的"踢、打、摔、拿"，除"踢"外，其余三法均需各种相应的手法来完成。就连一般语言习惯中把双方格斗称为"较手"，也从一个方面说明了手法的重要性。清代的《拳经拳法备要》中将"手法指要"描述为"撑拳托掌若风烟"，强调了习武中手法不可僵滞，只有松活，才能如戚继光所云的"手法便利"而易于变化。

眼法与手、身、步相比，严格意义上很难说是具体技法，但"百拳之法，以眼为纲"（张孔昭《拳经拳法备要》）。套路演练中，拳技的内在精神"在眸子，心一动，则眸子传之""眼光四射而后威风八面，处处有神也"。（陈鑫《陈氏太极拳图说》）在技击中，眼更是一个信息转换站，"对打首练眼，眼不经练，非特看敌人劲路不明，临阵失败，全坏在眼上"。（向恺然《拳术传薪录》）因而，历来拳家对眼的重要性给予了极大关注，将其列为诸法之一。明代军事理论家茅元仪在《武备志》卷八十六收录的四种剑术势法中，较早地提到了"眼法"一说。入清后，"眼法"得到进一步重视，并在理论上日趋丰富。

身法，有广狭两义，狭义的身法指躯干部分活动而言；广义的身法除躯干外还包括头与四肢在内的整个人体变化。拳技的种种招法，不管套路抑或技击，都必须通过一定的身法得以体现。明代程真如云："身法乃艺之门户，进退盘旋皆由身法。"然身法能否活便、劲力发放能否顺达的关键在于腰，腰为一身之枢机，任何拳种无论在理论上或实践中都十分强调腰的重要性及其运用。如"练拳不练腰,终究艺不高""浑身随腰动，出拳才有用""上下九节劲，节节腰中发"等武谚，从一个方面充分反映了传统武术对腰的高度重视。

步法，指脚步移动变换的方法。对此，"太极拳十大要论"曰："捶以论势，而握要者，步也。"戚继光称习拳要"脚法轻固"，实际上包含了两层含义：第一，步法要轻灵。步法轻灵，方能身欲动，而步以为之周旋；手将动，而步亦早为之催迫。第二，步法要稳固。步法不稳，"则百体难强"，"轻浮不稳而有摇晃之忧"。（苌乃周《苌氏武技书》卷二）武谚中说"步不快则拳慢，步不稳则拳乱"等，即指步法的"轻固"两字而言。传统武术强调步法在武技中的根基作用，实践中注重桩功的训练，一方面反映了传统武术的特色，同时观照着中国传统社会脚踏实地的民族心态。

三　套路与实战

套路为习武者提供了一个可效仿的基本样式。套路演练中要求"手当如何进，肩当如何入，脚当如何管"，要求做到"练时无人似有人"，但毕竟是个人单练，与实际格斗有着很大的差异。也就是说，套路拳架是习武者用来找形规矩的入门之法，而难以直接用于技击格斗。那么，成规成法的套路如何转化成随机应变、克敌制胜的技击之法呢？对练是传统武术在套路与实战之间的重要环节。

对练，一般是"二人（或二人以上）按照预定的攻防动作，进攻、防守反击的规律编成套路形式进行假设性实践练习。"（《中国武术百科全书》）这一段文字表述扼要地概括了一般意义上的对练表现形式，但传统武术中的对练是由"自耍之势"转化为"二人对挽练习"，因而其形式并非均是"编成套路"，更重要的是要求通过这种"对挽练习"，熟知单练技法在较手情况下的具体应用及劲力发放。对练又俗称"对打"，直接表明了它的基本主旨。由入门找形的单练套路，通过"两两相当"互为主客，将套路技法进行对接习练，最后达到不拘定式、发乎心意"因敌成体"的技击格斗，构成了传统武术有机联系的基本程式。

对于这种两人通过相互间"对挽练习"的价值，前人有着高度评价。戚继光认为，花式虚套"就操一千年，便有何用"，究其原因乃"花法胜而对手功夫渐迷"。花法者，单舞也。戚氏所谓的"对手功夫"，主要是指两人的较技实战，含有对练内容。例如，《纪效新书·长兵短用篇》中辑录的枪法，其二十四个架势均为单式训练，而六合之法的每一合，都是你打我还的双人对练。对练是传统拳种的一个普遍练习手段。具体形式大致有两类：一类是双方按照某一技法的技击旨意预设的攻防动作，"两两相当"互为主客地进行模拟性实战练习，这种练习旨在对某一技法的理解、掌握，诸如传统武术中非常强调的"拆招"与"喂招"。还有一类是将套路中的诸多实用技法组合成一个完整的对练套路，如查拳以"十趟为本，每趟皆有对操之法"。八极拳的对练套路是"八极对接"，形意拳中有"五花炮""安身炮"和"九套环"，五祖拳的对练套路是"六门八法"，等等。

四　既得艺　必试敌

在传统武术中，无论是套路技法习练还是拆招、喂招，都是得技得艺的不同方法，均属预设性的拳技习用，尚非真正的对手功夫，真正的对手功夫只有在"犯手实做其事"的实战技击中方可获得。为此，戚继光在方法上提出了具有重要实践意义的"既得艺，必试敌"一说。当然，这里所称的"敌"当然不是指有根本利益关系冲突之敌，而是指双方较技中的对手而言，故戚继光说，试敌"切不可以胜负为愧为奇，当思何以胜之，何以败之，勉而久试。"显然，戚氏讲的"试敌"，即实战训练。传统武术中许多诸如"旧力略过，新力未生"的拍位说和"任他巨力来打我，牵动四两拨千斤"等的技击理论，也只有在"试敌"过程中才能体现出其理论价值和作用。

追求"体中之用"的实战技击，是传统练武程序中的最后一步，也是决定能否从训练技法脱化为实用技法的关键一步，故历来武家都将此视作真正得技得艺"神化规矩"的不二法门。民国时期金一明的《六通短打图说》中曰："学拳之理,不难架式,难于知应用"。徒熟操练不知应用,对于习武之道而言,终将功亏一篑。因为在传统武术看来,预设性的各类套式练习仅是习武的门径与基础,只有从"形"过渡到"化",才是武技之"道"的精义所在。正是据于这样一个逻辑前提,近代意拳创始人王芗斋在《拳道中枢》中剀切断言:"凡以拳套为拳,是不啻以蛇神牛鬼之说而乱大道"。

传统武术在长期实践中形成了许多实战性的练习方法。如陈式太极拳中的"乱(烂)踩花",就是在"听"与"化"的推手基础上双方不拘技法的技击习练,从而达到"挨到何处何处击"的上乘之境。据说这种实战练习在华拳中名为"摘星换月",具体方法是,双方穿上特制的"星月服"(即是衣裤的近咽喉、前胸、背心、尾闾、两肩、两膝等处挖去一个月牙形空洞,里衬白布,上系用红布做成的小星),双方在格斗较手中以摘取对方红星多寡决定胜负。(《中国武术拳械录》)在福建五祖拳中,师父的拆招名曰"散技",散技之后有一种类似太极拳推手的两人较手试技形式,这在闽南话中叫作"喀技"。另外,山西洪洞县通背拳中的"乱环套"和河北广宗县梅花拳中的"单打"与"群打"等,都是一些实战技击的习练方法。历代习武者们非常清楚:习武如果徒熟预设性的套路练习而不遇实战较技,其结果只

能留下一个存象忘意的外表躯壳。对此，清初文武学者陆桴亭在《思辨录》中说"以用养体，由体达用"八字，对于深刻理解传统武术文化的体和用极具重要意义。试想：作为武术存在的本体一旦缺少了"用"的支撑，还能不发生"体"的价值体系的异变吗？

　　一种文化事象的出现，总是在一定价值观念支配下逐步积淀、形成的结果。传统武术从单练形架的"自耍之势"到"拆招""喂招"的对手训练，继而向纵横自在、莫测端倪的实战技艺发展，形成了一个彼此关联的有机习武三部曲，它说明传统武术以技击作为其根本存在，不是陷于一种盲目的精神向往——被某些人士讥为"乌托邦"，而是有着高度的实践指向，从中彰显出传统武术"重实际而黜玄想"的文化特征来。

第二节　招熟求变

传统武术的技艺，主要是通过招法与劲力来体现的，因此，"招熟""懂劲"当是进"神明"之境的两个必要基础。

一　炼精化气

"招"有广狭两义：广义是指"动即是法"的招法；狭义是指构成武术拳械套路的基本结构，亦称"招势（式）"。这里所谈，乃指后者而言。

招势是习武者第一阶段的基础训练，《八卦拳学》作者曾借用传统气功术语中的"炼精化气"四字来说明其重要性。刚开始，习武者往往全身僵滞，"上欲动而下不随"，劲力拙蛮，"四体之作用不能尽合于力，力不能尽合于气，气不能尽合于意"。如此，则"全属浮虚，虽然扛鼎，何稗实用"。（究武：《谭腿之功用》）所以，习武者在这一阶段应注重包括桩功在内的各种基本功练习，并按照动作要求，反复进行招势练习，"传一法未熟，不传第二"，如果习武者对所练之技贪多而不精，极易发生偏差，日后则难以纠正。这种习武中的初期功夫作用在于：第一，要使习武者在肉体和精神上经受长期的砥砺，故又被称为"易骨"功夫；其次，在技术上也是最重要的基础练习。招熟，既有单式动作的正确熟练，也包括动作连贯的熟练。习武"最要之点乃在一熟字，熟能生巧，巧即变化百端""艺不熟不能用……不熟与不通者等。"（《大宏拳三晃膀拳谱·刀法十要》）就"招熟"的基本内容来说，首先是习武先找形，动作要依规矩不可易；其次是完成动作周身协调，无乖戾僵拙。用现代运动生理学的理论来说，就是建立起复杂的、连锁的、本体感受性的运动条件反射，形成正确的运动动力定型。尽管传统武术最终追求的是一种"功夫深处莫可言，可言之术皆筌蹄"的神明之境，但入门初始必须强调规矩，如"不参色相，不着筌蹄以迹求之，则失矣"。需要指出的是，这里的"熟"是一种以形求之的"熟"，即招势之熟，至于在此基础上由熟生巧，做到《大宏拳三晃膀拳谱·刀法十要》所说"心能忘手，手能忘刀，进退周旋，不思而得，则熟矣"，即为"动即是法"之"精熟"了。

动作的招法与动作的劲力，两者是须臾不可

分的，可以讲，招熟的过程也是劲力训练的基础阶段，在传统武术中也称之为"明劲"阶段。明劲，就是要求习武者通过各类基础功夫的刻苦训练，逐步把原有的虚浮蛮拙之力练换成一种周身一家的整合之力，这种劲力具有崩爆刚猛的外在特征（清乾隆年间的苌乃周形容其为"如炮燃"），故许多拳家称此为"刚劲"，俗称"爆发力"，湖南邬家拳名之为"突杀劲"。这种刚明之劲是传统武术中至关重要的基础。如一个人的招势演练中规中矩，舒展大方，但没有这股劲的话，那么尚未达到招熟阶段的要求。刚明之劲是克敌的基础，因为"无柔则不能变化，无刚则不能克敌"，所以对于明劲历来受到习武者的高度重视。河北省沧州孟村的八极拳有"练功八法"，第一条就是要求"一练拙力如疯魔"，其中"拙力"，就是指刚劲而言；红拳的拳理中也有相同表述："一打刚，二打柔，三打连绵气不休"。据说著名形意拳家尚云祥年届古稀时还说："我再有三十年阳寿，就再打它三十年刚劲。"由此不难看出刚明之劲在劲力中的重要性了。达到了"招熟"的要求，不但使习武者的身体机能、意志品质得到了很好的锻炼，同时也在技艺劲力方面打下了坚实功底，如果在这基础上神无旁骛地继续习武不辍，那么就开始进入"懂劲"，即练气化神的第二阶段。

二 炼气化神

懂劲，在传统武术理论中有人喻之为"炼气化神"。作为传统习武三部曲中的一个中间过程，既是招熟的进一步提高，又是通向神明脱化之境的必由之路。在技艺招法上，表现出身心技法高度合一，能随机应变以巧取胜的"精熟"；在劲力上则由原来的明劲、刚劲转化为柔劲、暗劲。传统武术认为，只有到了暗柔之劲的地步，方为懂劲入室。【图3-2】

以入规矩后又出规矩、不脱规矩为特征的"精熟"，为历来拳家高度重视。明末的王征南曾说："拳不在多，唯在熟练之纯熟"，纯熟即

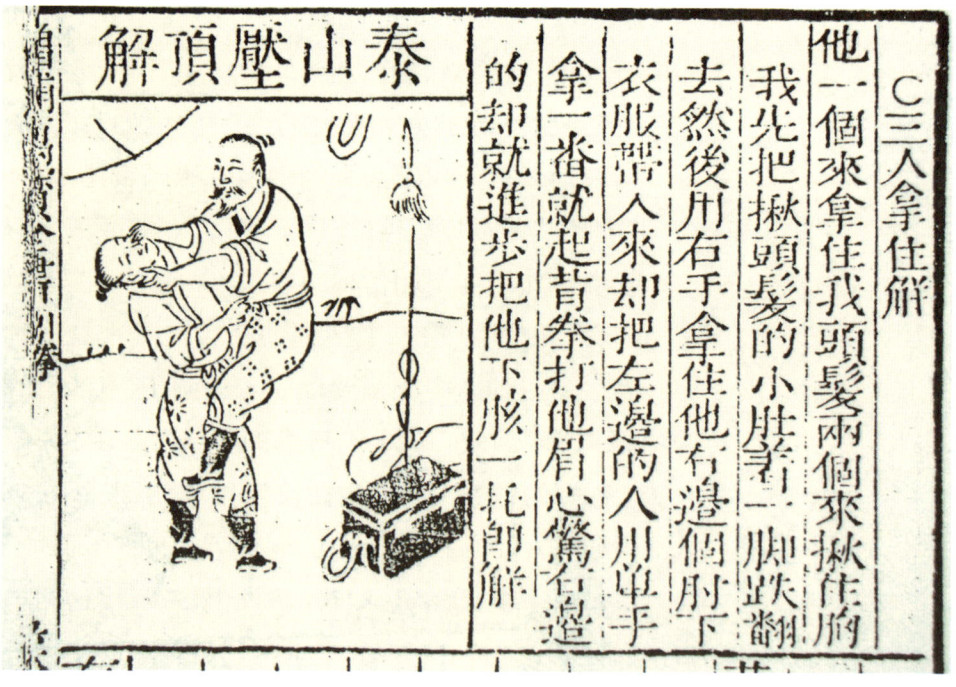

图3-2 明万历刻本《万宝全书》"泰山压顶解"图

能生变。（黄百家《南雷集·学箕初稿》卷一）《阴符枪谱》的作者亦云，技艺"只在要紧处操演精熟，变化无穷而已"。那么何谓精熟呢？一是对所学招势技法的烂熟于心，用吴殳《手臂录》的话来讲叫作"封闭手熟，见法辄取"。"见法辄取"，当是传统武术奉若圭臬的不二法则。如山西省洪洞县通臂拳特别强调动作技法见势即发的"烂熟"，该拳种称其为"真拳烂用"，河南省陈家沟的陈式太极拳则名曰"烂（乱）踩花"。精熟的另一个意思是善于原有招势的变化，用《手臂录》作者的话说是"全在手熟，不关心思"。"不关心思"，相当于现代运动生理学所揭示的"第一信号系统的兴奋不向第二信号系统传递，或者只是不完全地传递"的动作自动化现象。在技法上，这一阶段表现出由外向内的转化，动作架式由开展转为紧小，如太极拳由大圈化小圈，梅花拳是由大八方转为中八方、小八方，但对动作演练的"神"提出了更高要求，这也是"练气化神"所在。清末陈鑫在《陈氏太极拳图说》中对"神"进行了颇有见地的阐释，"神者，精气发生于外而无艰涩之灵气也"。另一位武术大家孙禄堂在《拳意述真》中对这一阶段的"神"提出了要求："练之神气要舒展而不可拘，运用圆通而不可滞"。

　　清代王宗岳在《太极拳论》中把"懂劲"作为习武过程的第二阶段，指出：懂劲后方能"越练越精，默识揣摩，渐至从心所欲"，于此可见"懂劲"重要性之一斑。"劲"在传统武术中具有根本性的意义。清康熙时的王南溪指出，"拳勇之本在于劲"（王南溪《内功经》），陈长兴的"太极拳十大要论"也同样认为，"夫太极拳者，千变万化，无往非劲"。一般意义上，劲与力通，但在传统武术中劲被赋予了新的内容。长期来许多人对此进行了理论阐发，一般往往是与"力"的比较中来进行分析的。在对待两者的关系上，传统武术的区分相当明显。如有人认为："力完全是个人天赋的能力，劲则是由气与精神以及肢体关节之锻炼，日就月将而获得的一种作用。"饶有趣味的是，清代的《杨氏太极拳拳谱》曾从传统医学角度对劲与力进行了甄别，认为："劲由于筋，力由于骨"，由于"力出于血、肉、皮、骨，故有力者皆外壮于皮骨"，而劲与意气相合，它"走于膜、络、筋、脉"。因此，"有力能执百斤，是骨节皮毛之外操也"；反之，"以全体之有劲，似不能持几斤，是精气之内壮也"。基于这种认识，民国时期有人推绎道："所谓力者，天然而成，其效用随年龄疾病而增减，……所称劲者则不然。由于多年苦练而成，其效用不因年事疾病而减退。"（黄元秀《太极要义》）正因为劲与力的利弊如此泾渭，所以向恺然的《拳术传薪录》提出"力愈大，劲愈小，去拳术功夫愈远"一说。事实上，劲与力的关系极为密切，前人往往"劲力"合称。随着人们认识水平的不断提高。人们对于"劲"的基本概念有了比较清晰的认识，几乎一致认为是经过长期习练后所表现出来的一种与武术技法相融的人体力量，应该说力是劲的基础，劲是力的使用。

传统武术中的"劲力"归纳起来大致有以下四方面特点：

第一，整体性。劲力发放，强调内外相合，"一身之劲要练成一家"。《太极拳十大要论》作者解释道，拳技"势虽不侔，而劲归于一。夫所谓一者，自顶至足，内有脏腑筋骨，外有肌肤皮肉，四肢百骸相聚而为一者也"。《拳意述真》中所说的"练至手足相合，起落进退如一"，也是指劲的整体性而言。向恺然在《太极拳讲义》的"序"中特别指出"夫人不患无力，特患其力之不能集中耳"，习武的要求，也就在于集周身之力"以传达于敌人之身"。也只有周身整劲，才能产生出强大的攻击力。

第二，瞬间性。劲，俗称爆发力、惊炸力，形象地表明了这一特点。苌乃周曾用"炮之燃火，弩之离弦，徒然而至"来比喻劲力发放的迅疾，同时还特地指出，"熟玩此词，自然有得心应手之妙，切勿作闲语略过"。（苌乃周《苌氏武技书》卷二）一代太极宗师陈长兴在《太极拳十大要论》

第一论中以"疾如电闪"表达过同样的观点,"出乎尔而,急如电闪,当时而静,寂然湛然"。

第三,协调性。协调性是劲力发放整体性和瞬间性特点的逻辑必然。因为如无协调性,就无法在瞬间聚合起周身之力发放出来。一是表现在劲力的顺达,如太极拳的发劲是其根在足,主宰于腰,力发于脊背,形于手指;又如通背拳的探,是放长击远必备条件,但只有在探背、松肩、合肘、顺膊、舒腕、松指一系列的顺达用力后,才能使劲力通达于背,传于肩,布于臂,贯于指;二是这种用力过程与时间的协调,《螳螂拳谱》中有"能倏达于四肢者谓之劲"语,其实"倏达",就是指劲力的顺达与时间的协调。

第四,随机性。由于与人较技,时时处处体现出一种突发性,因而传统武术的劲力也就有了随机性特点。随机性,具体表现在任何场境,任何部位都能发放出迅猛的劲力来,"随时而发,一言、一默、一举、一动、行止、坐卧,以至饮食茶水之间,皆可能用……感而随通,无可无不可",这也就是太极拳论中所说的"人身无点不弹簧""挨着何处何处击"。不少武林佚闻也向我们讲述着许多大家所具有的这种"有感皆应"的神明劲力,有些故事的真实性难以考证,但其中显露出来的是人们意识深处对于劲力应有特点的认识。

作为第二阶段的"懂劲"。一方面表现在动作技法上的渐趋轻灵紧小，由熟生巧生变；另一方面在劲力上则求以柔济刚、收发自如。武谚云："明劲好打，暗劲难练"。虽然明劲是劲力的基础，但无柔劲相济，易"长出顶、匾、丢、抗之病"，无法做到"刚在他力前，柔乘他力后"，因而明劲尚不能称为懂劲。所谓懂劲者，王宗岳认为"阴阳相济方为懂劲"。"阴阳相济"的概念非常宽泛，就劲力而言，至少有两方面内容：首先是指如上所言的劲力发放时本身的刚柔相济，其次，双方较技中的知彼知己。知彼者，即明了对方劲力上的进退变化，于是就有了传统劲力理论中的"听劲"、"化劲"等；知己者，能够在瞬间万变情况下自己对劲力的纵放屈伸，于是也就有了传统理论中的"拿劲"和"发劲"。懂劲的习练过程，明显反映出一种传统武术由外向内的转化特征，也只有完成了这一转化，才能越练越精，以至"从心所欲"练神还虚的神明之境。

第三节　技进乎道

清代王宗岳在《太极拳论》中明确将"仰之则弥高，俯之则弥深，进之则愈长，退之则愈促"的拳技称为"神明"，其实，这一"神明"之境在明清之际的《手臂录》中已有记述。作者将枪技分为六品【图3-3】，其首曰"神化"，技臻此境者，"我无所能，因敌成体，如水生波，如火作焰"。对此，传统拳种中有不少近似的记述，如少林拳之"法非法、非非法"；形意拳之"拳无拳，意无意，无意之中是真意"的"一点灵光"；近代意拳宗师王芗斋所言"纵横自在，有感皆应"等皆是对此境界的不同描述。毫无疑问，技臻"神明"是传统武术历来憧憬的至高武学追求。

一　至高境界

神明，在传统哲学范畴中是指一种超越的境界，属于认识论的范围，清代学者戴震云："有

图 3-3 明山西太原崇善寺对枪图

血气,则有心知;有心知,则学以进于神明",反映出人们对事物认识的不断深化过程。以人体活动方式为特征的传统武术,在它的"神明"概念中,除了对武技之道的认识进入了一个相对自由的王国外,同时还包括在实践上努力进入武技之道的自由王国。

首先在认识上,传统武术把复归于虚无神明的臻美境界作为习求武道的无上菩提。一旦进入了这种境界,犹如东晋佛教学者宗炳在《明佛论》中所讲的"心作万物,诸法皆空""一切诸法,随意生形"。这在吴殳看来,就是"如火作焰,如水生波"而"因敌成体"。在习武者从刚

开始对武技之道的毫无感知,通过形架招势的定型、熟练,继而精熟生巧、生变,最后达到神明脱化复归虚无,正好反映出了古代道家"一生二,二生三,三生万物"的万物生成理论以及"万物含三,三归二,二归一"的万物复归理论在传统武术中的生动体现。用孙禄堂的话来说,就是"自虚无而起,自虚无而还也"。需要指出的是,文句中的前后两个"虚无"含义并不相同,后一个"虚无",并非一般概念中的"没有",而是一种"大形无象"式的"大有"的存在形式。"太极一运一乌有",反映的是"惟自有形,造至于无形,而心机入妙,终归于无心"的至高武技之道。如同庄子在《养生主》中讲述的"庖丁解牛"故事,庖丁经过长期的实践,终于达到了"官知止而神欲行"的地步,在"奏刀䚞然"的技艺中体现出"道"的精神来。这是种"羚羊挂角,无迹可求"的武技之道,因此具有一种非逻辑概念所能概括的审美特征。"运到有形归无迹"是传统武学中的臻美境界,而这一境界包含了丰富的文化内容,对大多数习武者来说,更是一种理想目标中的七彩圣殿。一代太极拳宗师杨澄甫曾发出"历来古人穷毕生之精力而不能尽其妙者,在在皆是"的由衷感叹。

其次在技艺上,传统武术的"神化规矩"不仅表现为"如天朗气清,惠风和畅,阳春烟景,大块文章"的一片"好景致",习武之道的"神明",最终是在"两两相当"的较技中体现出来的有感皆应,随机而发却不落形迹。中国传统武术向来把以硬犯硬、殆同牛斗视为粗夫莽汉的下乘之技,无关拳学之道,因为"察四两拨千斤之句,显非力胜"。这种认识导致了传统武术醉心于一种"发如美人之探花,收如文士之藏笔","毫无圭角可寻"的名士风流。即使以熟练的招式胜人,也不过是有形之间的中乘之技,只有使对方"仰之弥高,俯之弥深",如临天网无可逃遁,才算神明脱化,即进入了"浑然无迹,妙手空空"的上乘之境,犹同程宗猷《少林棍法阐宗·问答篇》中所称道的"使彼进之不可,退之不能,束手畏伏,方为无敌"。于斯,技进乎道!

二 技艺之道

道,作为中国传统哲学的基本范畴和最高范畴,它无形无象,难以言说,其中包含着中国先人的文化智慧,是世界万事万物存在与发展的基本规律。在大道运行的文化滋育下,中华武术同样体现着"道"的精神。近代武术家孙禄堂在《拳意述真》中提到:"余自练拳以来,闻诸先生之言,云拳即是道",尤其"拳之一艺,虽是小道,然未尝不可即以小见大",此语可谓深得传统武术三昧。传统武术一向推重"道"的意义和功能。站在道的角度,招势练习只是操作层面的"有形"

表达，是一种有迹可寻的形而下的"筌蹄"，尚未从本质规律去把握武术的真谛，只有"羚羊挂角，无迹可求"的脱化神明，才是中国武技之道的"功夫深处"，展现出一种非逻辑演绎所能概括的美学特征。

那么，几近神明的武技之道其根本释意是什么呢？在我们祖先心目中，圆是自然之象，《吕氏春秋》把世事万物的运动规律归纳为"天道圆"。后来出现的太极阴阳鱼图，极为生动形象地表达了这一天道观。深受古典哲学文化滋养的传统武术，在这一思维模式下提出了拳技的最终"自然之势，只是一圈"的观点来。当然，这是个充满阴阳互济、变化莫测而又月映万川的一圈。"有玄妙灵变隐微难见以神其用者，乃在于圆"，武技之道"其象如圜，唯其圜也，为用不拘一方……若夫圜之为用，则无在无不在也"。《手臂录》作者吴殳在记述其师石敬岩与人游场较枪时，不立一势，不施一法，俄焉枪注人喉，不敢动而罢，随后大加赞叹曰："微乎！微乎！近于道矣"。这就是传统武术练神还虚的魅力所在。原先各类拳种门派的技法习练，不过是通向神明之境的殊途，而"法法精熟通晓，而后可得万派归宗之法"，"到此时，形意也，八卦也，太极也，诸形皆无，万象皆空，混混沦沦，一浑气然。何有太极？何有形意？何有八卦？"（孙禄堂：《拳意述真》）从而达到技法上的通融无碍之圆化。

劲力发放上同样强调一个"圆"字。如少林拳讲究"滚入滚出"，而太极拳则是"运劲如抽丝"，"查'抽丝'两字，非仅指缓缓直拉而出，乃指旋转出入，如来福线之螺丝形也。"而劲力一旦达到神明脱化，则表现为"化劲"（又曰内劲），也就是由大圈经小圈过渡后的无圈，黄元秀在《太极要义》一书中对此解释道："其圈不在外而在内，有圈之意而无圈之形"，其劲力发放不张势作式，全在瞬间的无形之间。交手之中，"谁知敌人击我何处，但依着何处即以何处引而击之，时措咸里，莫名其妙，真不思而得，不免而中也"，陈鑫在《陈氏太极拳图说》中特加注云："此是本地风光（指陈式太极拳）最难最难！"练至无圈的化境，《太极拳论》中曾用"一羽不能加，蝇虫不能落"来加以形容。这一譬喻是对有感皆应的极致描述。也许正是王宗岳的这一生动譬喻，所以后来就有了杨露禅能使掌中飞雀难以飞离的传闻故事。古人早就观察到动物在动作起动前一般都有预兆。《古诗源》的作者沈德潜曾对此有过总结，"将飞者翼伏，将奋者足局，将噬者爪缩"，《六韬·武韬·发启》中说，"鸷鸟将击，卑飞敛翼；猛兽将搏，弭耳俯伏。"因此，鸟雀飞离掌心，也必然有个轻微的踩蹬，如能掌握时机，在飞雀踩蹬时将掌下沉，化去踩蹬的作

 武术

用力，就能使飞雀难以展翅飞离。无疑这是个东方智慧式的逻辑推衍，是一个理论上的"纯真势态"。

　　武术的发展，需要实践和精神的驱动力量。神明之境的"纯真势态"，长期以来一直鼓动着习武者的热情，在实践中不断追求进入武技上的自由王国。从明代俞大猷《剑经》中提出的"旧力略过，新力未发"的"拍位"理论，到后来太极拳论中的"彼欲动，己先动"等，都是在这种追求下实践中的理论总结。

第四节　拳功合璧

武术中所谓的"功",是功夫或功法的简称。传统武术中,"功"是个使用率很高的词汇,人们往往根据各自的语言习惯,在不同的范围内使用该词。功夫,在传统武术中主要指某种能力或造诣而言,有时又指为习武所花费的时间和精力。功法,顾名思义即是有关武技能力的训练方法,练功,是指功法习练。传统武术中被称为"功"的内容非常多,包括身体素质训练在内的各种基本功,如"涮腰委腿"的柔软功夫,增强力量的卧虎功、鼎功(即倒立的功夫)以及骑马蹲裆的桩功等;也有直接为了提高或强化技击或抗击打能力而进行的专门性练习,如各类排打功、劈砖、打沙袋等。因此,武谚"练拳不练功,到老一场空",可以理解为练拳如练不出功夫来,最终还是空空如也,毫无用处。

功夫即指拳技本身。但"传拳不传功"、"力不敌拳,拳不敌功"及"练习武术,于拳脚器械之外,更须注意软硬功夫"等相互引证时,所谓的"功",很大程度上是指相对于拳技而存在的又一活动内容。

一 功法分类

脆弱的小农经济和恶劣的生存环境,驱动着前代社会的习武者们想方设法对武术的主体价值进行耿耿追求,以尽可能弥补自身物质力量的不足,这是人们除拳技外又致力于各类功法练习的外部因素;而希冀进一步达到"刀剑不伤,疾病不侵"的武功至高境地所产生的张力,促使人们进行各种功法实践的内在动因。传统武术中的诸多功法,就是在内外两种因素共同作用下,不断传承着。

(一) 内 功

传统武术中的内功是一种在呼吸过程中采用以意领气、以气摧力为基本锻炼特征的重要功法。由于内功的锻炼以练气为主,故被称为"气功"。中国古代气功,是一个包括祛病健体、养性长生等多种价值取向在内的人体文化。从中国古代体育史的角度加以考察,气功与武术有着各自的发展脉络,但在具体的历史进程中,两者产生了交融,气功的活动方式、功理功法和价值观念对传统武术发生了深刻影响,"外练筋骨皮,内练一口气"的内外兼修也成为传统武术的一大习练原则。气功文化与武术文化之所以发生交融、并迅速成为传统习武活动中的重要组成,简要说来大致有以下三方面原因:

其一,中国古代阴阳和谐观的使然。中国古代哲学认为,事物存在或发展的最佳状态,必须是阴阳互济。在这一哲学观的支配下,随着古代武术文化的成熟,就逻辑地形成了"内外兼修"的习武观,而有着自己完备的理论体系和丰富的活动形态、并又在民间具有广泛社会影响力的气功,表现出典型的独立守神,气运经脉的内倾性特征,理所当然地成为习武中"内练"的最基本内容。

其二,练气对习武本身所具有的价值。比如,徐珂在《清稗类钞·技勇类》中记载乾隆年间的唐阶元"能运气,运气处有硬块凸起,如桃核,刀石不能伤",《清史稿》中记载,康雍间的甘凤池"手能破坚",亦当与他"善导引术"不无关系。在气功文化影响下的武术内功,有不少地方与气功相一致,但也在"武"的规定下有着自己的独立文化个性和价值追求。因此,《苌氏武技书》中所说的"练内气、练引气、练元气"的"功夫总在呼清倒浊",并非一般的生理呼吸,而指一种"天地所珍秘,非其人不传"的密功心法。可以说,通过练气以增强技击能力,是极

 武术

为稳固的传统价值观念,至今为无数的习武者所首肯。

其三,古代气功文化中所积存的种种神秘玄说对当时广大下层民众所产生的强烈吸引。在中国古代农耕社会中形成发展的气功,有它自身的文化价值,但这种价值时常被一层五光十色的神秘彩衣所包裹,并不断受到渲染、夸张。如晋人葛洪曾对气功的功能表现出了强烈的神往,他在《抱朴子·内篇》中说:"以炁禁白刃,则可蹈之不伤,刺之不入……又以大钉钉柱,入七八寸,以炁吹之,钉即涌射而出",清末《都门纪变百咏》中同样记载了"炼气三年导养勤,枪刀难入火难焚"的诗句。历史上,许许多多的下层民众就是出于这样一种价值认同,希冀通过习武和练气的结合来获得某种神奇能力。

关于内功的练习形式,基本有静功和动功两种。静功以各类的桩功为主,包括坐功和卧功。练功中要求体松神静、气沉丹田、呼吸自然,这些是练习静功的基本特点。尤其"气沉丹田",是传统气功的功法要诀,也是传统武术内功的一贯主张。动功,则是按照气功锻炼的基本要求,配以一定肢体导引的功法形式。所谓动,是相对于保持一个稳定姿势的静而言。有关此类功法,多见于民国时期的一些拳谱之

中。如《少林七十二艺练法》介绍的"一指禅",《少林拳法秘诀》介绍的"凌空掌",朱霞天《拳乘》介绍的"灯光手"等等。其方法据说一般都先练气,然后置物于前,由近及远,用拳、掌或指朝夕遥空冲打之,若干年功成后,能于不触及人体的一段距离外将人击倒,故此功又俗称"隔山打牛"。

(二)硬　功

硬功,是传统武术中采用被动抗打或主动击打以及用抓、插、点等方式而进行的功法练习,由于它与内功相比更具有外在的行为特征,故被称为"外功"。从其类别看,一类是习武者本人或他人采用某一器物对身体进行的被动式抗打,其目的主要是为了提高身体各部位的抗击打能力,以前的拳家称其为"排打功"或"金钟罩""铁布衫";另一类是习武者以某一器物为对象而进行的主动式击打,其目的主要是为了提高攻击制敌的能力,如铁沙掌、劈砖、踢桩、打沙袋等;还有一类是习武者对某一器物采用抓、插、点等方式进行的指力、掌力或臂力的训练。如一些书中介绍的拔钉、抓坛、抓沙袋、石荸荠等功法,其作用主要体现在擒拿技术所需的指力上,河北地区鹰爪翻子拳歌诀中说的"擂打擒拿错骨功……无有功夫难以名",

 武术

即表达了此意。由于以上不少功法一般要与练气结合起来,"胥以凝神固精,静心敛气为主",诱导全身进入最佳练功状态,因此人们习惯上也将其称为"硬气功"。

在众多的武术史料中,我们不难看到关于硬功绝技的历史记载,尤其自明代以降,这方面材料日趋具体。如明代军事家唐顺之《武编》中记有的腿功练法:"学腿先虚学,踢开腿后依法演习",腿法有桩腿、弹腿等,"习弹腿力用础石,以踢远础石为度"。础石是旧式建筑庭柱下的石礅子,腿踢础石,显然是腿功练习。明代晚期传抄的《易筋经义》中较为全面地阐述了有关硬功练习的原则与方法。在原则上,一是强调先练气内壮,"内壮既熟,骨力坚凝,然后方可引达于外。盖以其根在内,由中达外,有本之学";二是要求练功时必须开始以轻为主,"渐渐加重",并持之以恒,"惟有恒者,能享用之;亦惟有信心,乃能取之"。关于具体功法,书中记载了四种:1.排打功,用木杵、木槌或盛以圆石的石袋对身体全身进行排打,使皮肉筋膜坚壮;2.掌臂功,先以意领气,使任督两脉气充,遍满全身,然后用石袋从肩至手、至指依次排打;3.练指功,将豆放置斗中,以手插豆,不计其数,如此功久,则以积之气行至于手,其指坚如铁石,以之御物,莫能挡之;

4.沙袋功，初将一个五六十斤重的沙袋悬挂架上，运气毕，即掌推、拳击、足踢、脚蹬，"务致动摇"，"迎送日久，渐加沙袋斤重"。以上有些功法在习练中尚需煎熬汤药洗手，以和其气血。

（三）轻　功

关于轻功，史料中不乏记载，是一个至今在社会上具有广泛影响的功法内容。从各类资料所描述的情况和介绍的功法内容看，所谓的轻功形式大致有三种类型：一类是异乎寻常的纵跳能力；一类是能在墙上行走被称为"蹋壁"的高超本领（以上两种轻功，也就是旧小说中所谓的"飞檐走壁"）；还有一类是几乎可以脚不沾地"踏雪无痕"。尽管上述三类表现形式不一，但都体现出一种企图"克服"地球引力的本质特点。

纵跳式轻功，前人又称之为"纵跃术"，这是轻功中的典型体现。对于这种功夫当然不能理解成一般意义上的"弹跳"，正如《秘传武林轻功》中所说的是"一种超常的奇特弹跳功夫"，超常奇特之处在于能飞檐上房的纵跳高度。《少林拳术秘诀》中说是"可以飞腾二丈以上，再久练不辍，更能逐渐增高"。20世纪90年代出版的《轻功奇兵飞檐走壁》一书中竟然出列了一个最高限度："功夫最深者，亦不足

三丈,过则不能越过矣。"对于这一功夫最常见的习练方法,是负重后的直膝跳坑。这一方法自清人笔记至民国以来的一些书中多有介绍。大致过程是先掘一浅坑,立足其中,直腰直腿起跳。随其腿上功夫的增加,跳坑也逐渐加深,并要求负重,"倘能于左右腿扎铅片二三十斤,直其腰可跳高一尺余之土穴者,则解去铅瓦,便能飞腾数丈矣"(尊我斋主人:《少林拳术秘诀》),民间以前也有"直膝跳一尺,屈膝跳一丈"之说。

蹋壁俗称"走壁",是传统轻功的另一种类型。如果说纵跳轻功多见于一些旧时的笔记小说,那么蹋壁则见于一些正史记载中。如《梁书》和《南史》中都记载有一个叫羊侃的人能蹋壁"直上至五寻,横行得七迹"。此类匪夷所思的记载竟使像俞樾这样的饱学之士亦深信不疑,他在《右台仙馆笔记》中记曰:"此等绝技古固有之"。

爱因斯坦曾有一段名言,"西方科学的发展是以两个伟大成就为基础,那就是希腊哲学家发明的形式逻辑体系,以及通过系统的实验发现有可能找出因果关系",相比之下,中国古人更擅长那种无须借助逻辑分析的类比推理,以及带有浓厚巫风色彩的交感互渗,以致传统武术功法中的某些内容滑向怪力乱神的神秘主义。另外，中国文化中"笃信其古人之说"的好古之风，又使传统武术难以发展出怀疑主义，信前人言成为这个习武群体的一个文化特点。还有，某些功法因长期磨砺所练成的特殊能力，客观上也对神玄臆说起到了一种代偿作用，以现实的存在似乎告示其非现实存在的可能。以上就是种种"神功"至今不绝于耳的主要原因。

二　练功方式

传统武术中的内功、外功，是前人在武术主体价值追求下所作的种种努力，而这种努力，进一步体现在武谚"行走坐卧，都可练功"这一"以尽人力"的思想观念上。"行走坐卧，都可练功"蕴涵了以下两重意思：

一是要求习武者将习武练功生活化。即传统武术的某些功法练习应该而且可以体现在日常生活之中，而日常生活中的某些内容也能够用来进行武术的功法练习。这种武术日常生活化和日常生活武术化的双向渗透，使传统武术与日常生活最大限度地融为一体，从而使习武真正成为习武者的一个生存方式。这一要求折射出古人"担水砍柴，皆成妙道"的重行思想，如宋儒朱熹说的"凡日用之间，动止语默处皆是行""洒扫应对进退之间，便是做涵养底功夫了"。

结合日常生活生产内容进行习武练功，这在传统武术中是个很普遍的现象，实际也是一种因人、因地而宜的练武方法。如《峨嵋枪法》中记载，峨嵋僧人普恩传技程真如，初始，即通过采樵山中的方式以练其基本功夫；而陈鑫所撰《陈氏家乘》中记载：他上祖陈继夏磨面时不忘练功，"始以两手推之，依次递减，减至一指，则奔而推之"，显然是指功练法。据说山东梁山地区的农村里有许多开山的农民，其中有些习武者每天上山用手指提着三角形的钢钎头上山，以练指力。以上材料，都是"担水砍柴，皆为妙道"习武观在广大平民百姓中的具体例证，充分体现出传统武术练功内容与日常生产生活内容在某些方面可异质同构、交融互渗的文化特点。

"行走坐卧，都可练功"的另一层深刻含义是强调实战技击旨意。孙禄堂在《拳意述真》中说，"随时而发，一言一默，一举一动，行止坐卧，以致饮食茶水之间皆是用"。孙氏说的"用"，也就是技击。

众所周知，传统武术所考虑的技击场景，不同于现代竞技体育的比赛形式，突发性是其中最大的特点之一。正因为如此，传统武术也就以随机应变、有感皆应，作为武功的神化之境和目标追求，并相应形成了一切从实战出发的习武要求。行走坐卧皆可练功，就是在这种要求下的一种生活化的习武观，最终目的是行走坐卧皆能致用。青城子的《志异续编》中记述了这么一段故事：有位进少林寺的习武者，艺成临别之际，主僧突然用棍照头打下，因被及时架住，方被允许出寺。故事所要表明的，无非是习武者在突发状态下的技击反应能力。这种"一言一默，一举一动，行止坐卧，以致饮食茶水之间"的"随时而发"，应该说与平时"行走坐卧"的练功习惯有一定关系。据说流传于湖北地区的岳家拳，不允许习武者在任何时候有空闲和懒散的时间，要处处事事都考虑到应付来自不同情况下的攻击。因此，该拳特地从眠、行、食、谈等四个方面提出要求：眠，我在床上眠，似人立我前，思他手足动，我用推与牵；行，我在途中行，似人与我争，俨然他手发，我手不留情；食，我在筵前食，似人与我敌，恍然他手来，我手思逼吸；谈，我与人共谈，恐人即粘残，我心先防着，人来难上难。时时这样练，何时有空闲。①

传统武术的"行走坐卧，都可练功"，是中国传统文化中"日用无非道"的一种投射，具有高度的技击指向。作为观念认识，未必与具体的实践完全吻合，但它是传统武术文化的内隐组成。人们在学习或吸收一种知识技能时，必然会无意识地接受与该知识技能有关的文化观念，这也就是为什么"行走坐卧，都可练功"能够使广大习

① 张金业：《岳家拳技击术》，武汉：湖北科学技术出版社，1991年，第8页。

 武术

武者对它发生认同、接受的内在原因。同时，这种观念认同也必然会对习武者的实践发生潜移默化的种种作用。

　　传统武术中的功法，是一个瑜瑕互见的武术文化现象，其中既有在实践中积累起来的至今有其价值的功法内容，如气功、排打功以及一些旨在增强拳、掌和腿等击打能力的功法，但也充塞不少神玄臆说和陈腐妄语，如飞檐上房的轻功、隔山打牛的内功之类。需要的是今人对此实事求是的分析与甄别。

第四章　金科玉律

传统武术的各家拳种门派，在长期历史发展中，无论是实践上还是理论上，都形成了许多十分相近的内容，从而展现出了传统武术文化的某些基本规律和特点。其中，阴阳互济而达天人合一、形神兼备而应内外兼修、躬行践履而须循序渐进、直觉把握而当自我体悟——被各门派拳家奉为"金科玉律"的四个重要方面，从中彰显出中国文化的基本元素。

第一节　天人合一

哲学是一个民族文化的核心。作为中国文化子系统之一的传统武术，不管其实践抑或理论，都必然受到中国哲学观念的浸润。其中，阴阳学说是中国哲学有关万事万物生成变化的哲学思想，它与太极、四象、五行、八卦共同构成了一个基本框架，成为我们这个民族解释个世界万物生成变化理论模式。传统武术的文化塔顶上，同样闪烁着这一哲学智慧的辉光。浑然无迹、有感皆应既是中国武道的生动体现，又是阴阳互济的契合结果。可以说，明阴阳之变，求天人合一，是传统武术希冀穷神知化，以具天地精神的一个基本道枢所在。

一　阴阳五行

在中国哲学的源头上，阴阳与五行原本来自两个不同的文化系统。春秋以前，它们之间还

 武术

各自畛域，成书于战国时期的《管子》中，已开始将阴阳与五行融为一体。大约至秦汉之际，阴阳学说和五行学说已经完全有机融摄，且日趋细致，成为当时人们解释世界万物观念系统的表述体系。随着武术的整体发展，阴阳五行学说进入其理论，就像进入其他文化领域一样，"则是科学史上的必然现象"。需要指出的是，古代的阴阳五行学说对传统武术理论发生影响，同样有着前后的历史间隔。

阴阳学说首先进入传统武术理论。这大概与古人认为阴阳乃天地之道，是世界万物变化的最根本要则的哲学认识有关。《庄子·人间世》中记曰："且以巧斗力者，始于阳，常卒乎阴，大至则多奇巧。"文中所谓的"阴阳"，显然指两人"斗力"中的变化之巧而言。东汉赵晔在《吴越春秋》中记越女之言曰，"道有门户，亦有阴阳，开门闭户，阴衰阳兴。凡手战之道，内实精神，外示安仪；见之似好妇，夺之似惧虎。"这里的"阴阳"，较之《庄子》所言有了发展，是"手战之道"的具体表征，并由此推衍出了属于手战之道的一系列范畴，如开与闭、衰与兴、内与外、静与动等。至明代，这方面的记载更为具体，如程宗猷《少林棍法阐宗》中的"出手为阳，收手为阴"，俞大猷《剑经》中说的"阴阳要转"，"更有阴阳诀，请君要熟记"，等等。

五行是中国哲学的另一个主要结构，《黄帝内经》云：“天地之间，六合之内，不离于五……非徒一阴一阳而已也。”明代开始，五行学说被引入武术理论之中。如唐顺之在《武编》【图4-1】中论述枪法时说道，凡枪以动静分为攻守，“攻内有化，为斜。以金、木、水、火、土为正五行，五行有变，上下跳跃走步谓之不正，为斜。斜，偏也。偏以勾、隔、劈、绞为外五行。”而将阴阳五行学说进一步阐发并作出了重要贡献者，当推清代乾隆时期的王宗岳。

进入清代，随着武术体系的日益成熟和文

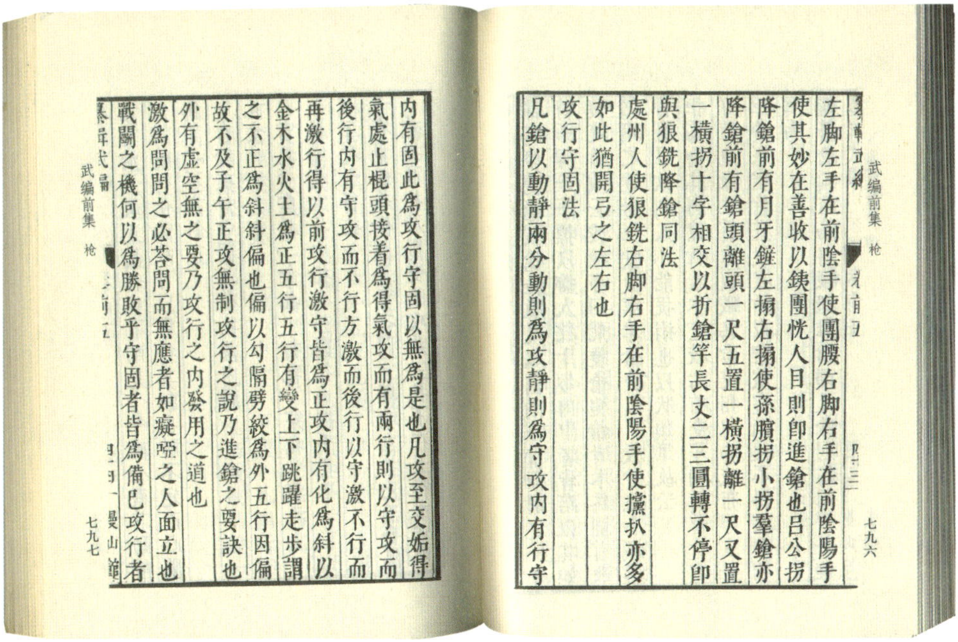
武编前集 枪

左脚左手在前陰手使圍腰右脚右手在前陰陽手使其妙在善收以鋏圍恍人目則即進鎗也吕公拐降鎗前有月牙鏟左搧右搧使孫臏拐小拐羣鎗亦降鎗前有鎗頭離頭一尺五置一横拐離一尺又置一横拐十字相交以折鎗竿長丈二三圓轉不停即與狠筅降鎗同法

處州人使狠筅右脚右手在前陰陽手使擸扒亦多如此猶開弓之左右也

攻行守固法

凡鎗以動靜兩分動則爲攻靜則爲守攻内有行守内有固此爲攻行守固以無爲是也凡攻至文姤得氣處止棍頭接着爲得氣攻而有兩行則以守攻而後行内有守攻而不行方激而後行以守激不行而再激行得以前攻行激守皆爲正攻内有化爲斜以金木水火土爲正五行五行有變上下跳躍走步謂之不正爲斜斜偏也偏以勾隔劈絞爲外五行因偏故不及子午正攻無制攻行之説乃進鎗之要訣也外有虚空無之要乃攻行之内發用之道也激爲問問之必荅問而無應者如癡啞之人面立也戰鬭之機何以爲勝敗乎守固者皆爲備已攻行者

武编前集 枪

图 4-1《武编》书影

化积累，必然会产生出强烈的理论升华要求，于是乎，广大而悉备的古典哲学文化对武术的影响也越来越大，成为传统武术外源型理论的主要构成。据廉让堂本《太极拳谱》所录的"太极拳论"和"太极拳释名"两文，作者王宗岳将太极、阴阳、五行、八卦诸说糅合一起，完成了传统武术理论基本框架的建构。他在"太极拳论"中云，"太极者，无极而生，动静之机，阴阳之母也"，同时在"太极拳释名"中把太极拳的进步、退步、左顾、右盼和中定配以金木水火土，称为五行，把掤、捋、挤、按、采、挒、肘、靠配以八卦，合称"十三势"，完成了传统武术理论与古典哲学文化的最终契合，实现了从"象"到"理"的飞跃。因为他理论中的太极、阴阳、五行、八卦等概念，不再是经验层次上形而下的具象，而被符号化了，"只有符号化，类化意象才能真正超越象而把握理"。（邓启耀《中国神话的思维结构》）由于王氏所论是一种汲取了相当成熟的文化成果而形成的拳技之"理"，故一经流播后就被奉为经典，从而产生了弥久的影响力。

　　运用阴阳五行学说阐释武术，自王宗岳之后成为一种相对稳定的理论样式，各拳种门派不管是对拳理的阐述还是习武原则的确立，都无不以此作为自身的理论基础，以"天人合一"作为习武之道的最终归宿。

二　道法自然

阴阳互变，是天地之道的运动特征。阴阳作为一种概括性的辩证思维方式，就是用对立的矛盾形式概括出事物的特征，以便迅速掌握住事物的本质。中国哲学的阴阳学说被引入传统武术拳理技法之后，随之派生出了诸如动静、刚柔、虚实、开合、起落、进退、攻防等一系列范畴。可以想象，如果没有这些范畴，传统武术的文化内涵和技术旨意就无法得以解释，它的文化魅力就会大大逊色。对于传统武术而言，阴阳哲理是一个根本性的思想支柱，明阴阳则是一种习武原则。习武"不外阴阳，阴阳不明，从何练起"，《苌氏武技书》的这句话，强调的就是这个意思。传统武术中由阴阳派生出来的范畴有很多，这里，择其中最为重要的"刚柔"进行分析。

各家拳种无论在理论上还是实践上，都十分强调刚柔相济的重要性及刚柔并用的技术特征。"刚"因体现为一种强猛的、外在的运动特性，故属阳；"柔"体现为一种恬静的、内在的运动特性，故属阴。传统武术理论中要求明阴阳，在许多地方实际是指明刚柔而言。所谓阴阳相济，也就是刚柔相济。陈鑫《陈氏太极拳图说》中有首七言诀云，"纯阴无阳是软手，纯阳无阴是硬手；一阴九阳根头棍，二阴八阳是散手，三阴七阳犹觉硬，四阴六阳显好手，惟有五阴并五

阳，阴阳无偏称妙手。"显然，歌诀中的阴与阳，即指刚与柔，刚柔相济水平，也直接体现为习武者的技艺水平。以刚柔评价技艺在其他拳种中亦有反映。如《少林拳术秘诀》把武技分为上中下三乘，划分的尺度，即是刚柔相济。上乘者，"运柔而成刚，及其至也，不刚不柔，亦柔亦刚"；中乘者，"偏于刚多柔少之弊"，"强使气力，刚柔无相济互用之效"；而下乘者，更是"野蛮粗劣"，"既昧于呼吸运使之精，复不解刚柔虚实之妙"。因而，求得刚柔相济，乃传统武术的金针要津。为此，清人陈长兴在"十大要论"中专门写有"刚柔"一论，指出武技"势分刚柔"："刚者以千钧之力而扼百钧，柔者以百钧之力而破千钧。有力尚巧，刚柔之所以分也。"以硬犯硬，非传统武术的文化精神，只有"任他巨力来打我，牵动四两拨千斤"以柔克刚，才是中华武技的精义宏旨。应该指出，这种柔不是慵懒无力的"弱"，而是包括技术、心理、经验、体能等多种良好素质在内的综合表现。

刚柔相济的另一层内容是指劲力要求。劲力发放必须刚柔相济，因为"纯用刚法，则气捕满身，牵拉不利，落点必不勇猛；纯用柔法，则气散不聚，无有归着，落点亦不坚硬。"苌乃周这段有关劲力的"刚柔相济论"，包蕴了丰富的经验总结。前人对于刚柔理论往往用中医学中的气血学说来加以解释。杨澄甫认为，只有气血在经脉中"周流全身，无时停滞，久久练之，则得真正内劲"；王芗斋指出，过分主刚，则"身心发紧，全身失灵，甚至气血阻塞"。这些解释与今天运动生理学的有关理论十分相近。然而，劲力发放如何做到刚柔相济呢？苌乃周用了一个相当形象的比喻，叫作"如蜻蜓点水，一沾即起"，"如是则刚柔得宜"。也有人这样形容道，未发劲前"毫不着力，犹如风吹杨柳，柔软无力，及至杀手之时，正如天神下界一般，浑身如铁，而不可犯"。刚柔相济体现了中国传统文化中阴阳互补的中和思想。中和是自然界万事万物运动变化的最佳状态，其中寓含了道的法则与精神。

金、木、水、火、土五行，起初是中华先人对宇宙万物的最基本分类，当它与阴阳相结合后，五行的原先结构就有了两种内在动力，从而形成相生相克的关系，构成了世间万事万物的存在和变化，同时也成为我们这个民族关于这个世界的观念系统。作为天地之道全息影像的武术，照例弹奏起了这把古老的五弦琴，于是乎也就相应出现了形意拳中劈、崩、钻、炮、横的"五拳"，戳脚中崩、带、转、拿、钻的"五手"和踢、摆、圈、插、点的"五脚"等，并且在各自的拳理中与五行的生克一一相配。

"五行生克无处不有，无时不然"，故"凡世

之讲拳术者,要不能离乎斯也"(沈寿编《太极拳谱》)。如果说王宗岳"太极拳论"中的五行,尚指进、退、顾、盼、定的五种动作技法,那么王芗斋所说的五行则明显具有意象训练的特点。他在《大成拳论》中谈到,"谓金者,为筋骨含力,意如钻石之坚,有斩金截铁之意;木者,指曲折面积而言,如树木支撑形势;水者,势如汪洋游动,活泼若龙蛇,用之无孔不入;(火者)力如火药,手如弹发,有一触即烧身之力;土者,用力敦厚,阔大沉实,混元气壮,有与天地相接,合为一体之势。"显然,其所言借用古代"木曰曲直,火曰炎上,土爰稼穑,金曰从革,水曰润下"之说而对武术拳理进行的阐发。陈鑫在"太极拳用说"中记述的五行生克,也是指双方较技中的刚柔之变:以柔克刚,即是以水克火,以刚克柔,即是以火克水,以金克木,此为"五行生克之道"。不过,在有些拳种理论中,由于受以类度类的观念支配,不但把拳技类归成五行,还牵强附会地解释此式与彼式之间的所谓生克关系,把追求神明脱化的武术至境看成是一种循环反复的机械运动,这本身就背离了"五行毋常胜"的中国哲学精神和穷神知化、无迹可求的武技之道了。

中国古代思想家在探讨人与自然的关系时,提出了极其重要的天人合一观。在天人合一的哲学观照下,天地大宇宙,人身小宇宙,人可与天地相参，人的生命反映着天地运动的基本特点与属性，从中反映出中华民族"赞天地之化育"的传统文化精神。历史上，以阴阳五行学说建构起来的天人合一观深深地影响着包括传统武术在内的整个中国文化的发展，诚如清代《杨氏太极拳谱》所说，"要知天人同体之理，自得日月流行之气"。传统武术中天人合一观的形成自有其过程。明代以前，我们很难找到这方面的材料，入清后，尤其到了清后期及民国时的一些论著中，关于这方面的论述渐多，主要反映在两大方面：

第一，人体与天体相符，拳道与天道同合。中国古代往往通过术数卦象来描述自然界，同时也用这种思维方式来解释人体。如《列子·仲尼篇》云："人虽七尺之形，而天地之理备矣。故首圆足方，取象二仪；鼻隆口窊，比象山谷"；《内经·灵枢》中亦借伯高之言曰："天圆地方，人头圆足方以应之……此人与天地相应者也。"从清代的苌乃周到民国的孙禄堂等人，也都是用这种思想资料来进行阐述的。如《苌氏武技书》中提到"头圆象天，足方象地"，"头象天兑卦属干"等，这类表述在晚清以后的一些拳论中得到了进一步发挥：前人的"人人一太极"被注释成"人身为太极之体"，以"近取诸身"的八卦之数被直接附会为"八卦之身"。很显然，这样的解释是对旧有"天圆地方"说或"天人一体"观的沿承。

第二，习武当循四时、择方位。循四时、择方位，是中国古代生命哲学中的重要观点。这一观点引入传统武术之中，应该说与传统导引对武术文化的渗透影响有关。理论上强调拳法合于道法，其目的是求得人与天地自然的相通，希冀借天地之灵气来提高武术技能或功力。完整地提出这一概念，并对此有所论及的是民国年间的孙禄堂先生。他在《八卦拳学·八卦拳神化之功借天地之气候形式法》中提出，"学人欲练神化之功者，须择天时、地利、气候、方向而练之"。《梅花拳秘谱》中，也有"四时行功加减论"的专述，认为四季气候不同，人的气血也随之发生变化，故习武量也应随之有所变化。不难看出，这是传统"春生、夏长、秋收、冬藏"养生观的投影。

第二节　内外双修

形与神是中国传统哲学和养生学中的一个重要命题。早在先秦时期,就已开始围绕形神问题展开了讨论,如《庄子·在宥》中提出以神守形,则"形乃长生"。哲学意义上的形神观是人们关于精神意识与物质肉体关系的总的认识和看法,而传统武术则是从另一个文化角度来理解、阐释这一命题的。

一　形神兼备

形神兼备,即形与神的和谐统一,这在传统武术中首先是一个关于人的生命存在的稳定性文化概念。从基本概念讲,所谓"形",是指事物表露于外的形象、现象;所谓"神",是由事物外部形态表现出来的一种内在活力,它是客观存在,但并非可直接触觉,须通过一系列的心理机制方能获得。在具体的结构内容上,由于传统

 武术

武术的终极旨归是对人身与心的全面塑造，习武练功是一个不断自我优化生命系统的过程，因此传统武术中的形神观被赋予了多重含义。

首先，形神兼备是对习武者的生命本体要求。形，指包括躯干、四肢以及筋骨皮等在内的形体构成，神，指包括精神、意识及精气等在内的生命主宰。在传统武术理论发展早期，就已涉及到了这一问题。东汉人赵晔《吴越春秋》记述的越女论手战之道云："凡手战之道，内实精神，外示安逸"，寥寥数字，表达了关于形神的丰富内涵，指出了内在的精神和外示的仪表，是武技之道的重要内容。随着武术理论的日趋成熟，对人体的形神问题越发得以重视。因为只有习武之体达到了形神兼备，才能有如《黄帝内经》中所讲的"五脏坚固，血脉调和；肌肉解利，皮肤缜密；营卫之行，不失其常"，才能"提挈天地，把握阴阳，呼吸精气，独立守神，肌肉若一"，做到《少林七十二艺练法》中所引妙兴大师之言，神完力足"则百体舒泰，而筋骨强健，心灵性巧，至此而利欲不能侵、荣辱不能动、威武不能曲、风雨寒暑不能蚀、一切邪魔不能入"，从而为跋涉崎岖的习武之道奠定一个坚实的物质基础。

其次，形神兼备是对技艺的习练要求。在这层含义上，所谓形，是指习武者在演练中表现出来的开合吞吐、钻翻起落的外在形架招式；所

谓神，是指习武者的攻防意识、劲力发放以及与动作招式相浑然融契后产生的神韵。传统武术技艺层面上的神，还指达到上乘境界的神明脱化之"神"，所谓"阴阳不测谓之神"。强调这一点非常重要，它既是传统武术的价值指向，也是传统武术文化的显著特征之一。

武技中的形与神对于习武者而言，应是个必须明晓的知识。陈鑫在《陈氏太极拳图》说中把形与神比作方与圆，指出："太极拳实系外方而内圆。方者，其形；圆者，其神也。耍拳者不可不知。"形神兼备，在传统武术中主要表现为外在的形架招式与内在的精神意识的相从相和。如习拳做到形神兼备、内外合一，就是"一片神行之景"，"其开合收放、委婉曲折种种如画"而有情有景。正因为拳技一道，形神须臾不可相离，故也就有了"只要一伸手，就知有没有"的武谚。

然而，中国古代形神观提出"形存则神存，形谢则神灭"，并不意味着在理论和实践中把形神放在同等的位置上。客观地讲，"形神兼顾"只是形神兼备的一个方面，与此相对应，古代的养生文化在实践上更侧重于"养神为先"。这一古代重要的思想观念必然会在传统武术上有所投射。武谚曰："只求神意足，不求形骸似"，孙禄堂在《拳意述真》中说道，"练拳不在形式，

只在神气圆满无亏而已。神气圆满，形式虽方，亦能活动无滞，神气不足，就是形式虽圆，动作亦不能灵通也。"显然，孙氏之说是对稍前陈鑫把习拳中的形神比作方圆的进一步发展，习武中"神气"两字有着不可替代的理论意义。

众所周知，所谓神，是一个包括精气神及意识、韵致等多种内容的高度抽象。为了更加突出这种被高度抽象的神的主导地位，传统武术还为此设定了一个品级秩序。王宗岳的"十三势歌"中讲道"若言体用何为准，意气君来骨肉臣"，在稍后的理论中更具体划分成"心为元帅，意为号令，气为先锋，力为将士"。从理论渊源上看，这秉承了古代中医学的理论模型，具有相当深刻的实践意义，因为"心为一身之主，心一动，而五官百骸皆听命焉。"（陈鑫《陈氏太极拳图说》）正是在这种文化观念影响下，传统武术的理想人体图应是外形清癯、目朗声洪者，而绝不注重外在的肌肉发达，认为外在的肌肉发达于技击养生皆无裨益。

还有，从形到化是传统武术的基本主张，技臻脱化是传统武术至高胜境，前人也往往用"神明"、"神化"等词汇来指称它，这也从一个方面表明了传统武术以神为主的习武观。在传统训练中，一招一式的形架练习不过是个走向神化的起步，只有"运到有形归无迹"，才算到达了出神入化的彼岸。即使在"两两相当"的技艺较量中，历来视以力胜之为下乘之斗，以招法取胜也不过中乘之技，只有不落形迹的"因敌成体"，发劲作势全在无形之间，使败者不知何处落败，方为神明的上乘之境。

如果说形神兼备是传统武术提出的一个习武要求，那么内外双修是实现形神兼备这一要求的不二法则，是为习武者指明的从形体到精神，以及从技术到意识全方位的习练之道。

内与外相互依存，是构成传统武术理想模式的主要特征，"其修法内外，表里成功集大成，即上乘也"，如偏执一端，均为等而下之者。入清以后，气功与武术的关系日益密切，气功已成为传统武术内练的一个主要方式。然而，由于传统武术要求中的形神兼备最终指向以神为主，作为方法上的内外双修必然会反映出这一文化特征。在内外双修的两者关系上，外练只是开始济内的手段，其后的内练才是习武之要津。关于这点，传统拳种中不管内外各家，几乎都持相同观点。如太极拳，提出"务须内外相合，周身一家，此时系以意念为主也"。（沈家桢《何为太极拳》）即使看起来极猛烈刚硬的福建南拳，也同样强调"内外并练，以内为主"，尤其劲力上，刚猛之劲只是柔化之劲的初始阶段，"要练得自身一股充实的内气，以气摧力，使周身有无坚不摧的内劲"。（胡金焕《福建

少林拳》对神与内的钟情,是传统文化观念的规定,也是传统武术技近乎道的内在要求。

二　内外六合

在中国传统哲学视野中,人、社会和自然界是一个有机整体。这一思想体系被一些学者称为"无限嵌套的自相似结构",在这一结构中,天地交合,则社会泰安;阴阳互济,则万物昌茂;形神相亲,则身体康宁。同理,武技要臻上乘,必须内外结合。值得肯定的是传统武术没有停留在概念性的思辨上,在实践中为了达到这一要求不断探索,逐步积累起了一些具体的方法与理论,其中影响最大、传播面最广、也最具理论深度的,是传统武术理论中的"内三合"和"外三合"之说。

内三合和外三合在传统武术中习惯上又统称为"六合"。考"六合"一词,古代原指"天地四方",是对人类生存空间的一个整体概括。武术典籍中较早提及"六合"之名的见于明代唐顺之的《武编》、戚继光的《纪效新书》及程宗猷的《耕余剩技》诸书中所记述的"六合枪法",不过这里所说的"六合"仅是对六个"我缠你扎、你还我拦"的对练套路的总称。真正提出内三合、外三合之六合的,当为清雍乾时期的《六合拳谱》,该谱中记述山西姬龙凤之言,曰:"拳名六合,前后各有六势……六合者,心与意合、气与力合、筋与骨合、手与足合、肘与膝合、肩与胯合，是谓六合。"内外六合一经提出，得到了各家拳种理论的认同，也有些拳家在这一理论框架内提出了基本相同的意见。如苌乃周在《苌氏武技书》中认为"学者脚与手合、手与眼合、眼与心合、心与神合、神与气合、气与身合，再无不捷妙灵和处"；民国时期孙禄堂在《太极拳学·自序》中提到"精合其神、神合其气、气合其精，是内三合也；肩与胯合、肘与膝合、手与足合，是外三合也"。

"心与意合、意与气合、气与力合"的"内三合"，是指一种不可直接触及的人体内在活动形式。习武中要求意、气、力三者相合，具有多方面的意义：一是延迟疲劳出现，保证动作质量，呼吸"惟顺应自然"，"强为运动，以致出乎规矩"；二是有利于身体健康，武谚说"打拳莫憋气，憋气必伤身"；三是为了更好地劲力发放，武谚"以气摧力"，"劲随呼吸力无敌"等均指此意。人们平时通常将力量称为"气力"，也充分说明了气与力的关系。传统武术据于中医学理论认为，劲力发放是在"意"的支配下，通过经络，在气的作用下完成的。东汉王充在《论衡·道虚篇》中说："夫血脉之藏于身也，犹江河之流地。"杨澄甫在"太极拳说十要"中沿承了前人的这一学说，把人体经络比作田地中的沟洫，"沟洫不塞而水行，经络不闭则气通"，意、气、力的配合，能使"意

之所至，气即至焉。如是气血流注，日日灌输，周流全身，无时停滞，久久练之，则得真正内劲。"

外三合，是指习武中对身体躯干、四肢之间的形体配合要求，外是内的表现形式，外不合则内不顺。关于外形配合，明代时的一些武术典籍文献中已有涉及，如戚继光等人在阐述枪法时要求"三尖相照"，即"上照鼻尖，中照枪尖，下照脚尖"。稍后，原为枪法中的"三尖相照"论被引入拳法之中，并将其"中照枪尖"改成"中照（对）手尖"。《苌氏武技书》中有专门关于"三尖"的论述，云"三尖照，则无东斜西歪之患；三尖不照，则此牵彼扯，必有摇晃之失"，因此，"凡练形者，须刻刻留意此三处，方为合窍"。降至清代，在沿承明人"三尖相照（对）"论的基础上，对人体外形的要求更加细化，如张孔昭在《拳经拳法备要》中进一步指出，"到身之时，手、身、肩、膊、臂与大腿、膝头需要一段而进，更要一齐着力，前后手要相应，前后脚亦要相应"，姬龙凤、苌乃周和陈长兴诸人，他们先后提出了内容基本相近的外三合理论。外三合的理论意义在于：1.在实践上，它对习武活动的诸多人体外部特征进行了类归，从而使传统武术对形体要求有了一个大致可循的理论原则。2.在理论上，外三合是对"三尖相照"论的进一步发展，它与内三合相融相契，共同组成了传统武术理论中的六合学说。

三 明三节、统四梢、合五行

明三节、统四梢、合五行是除"六合"外，传统武术理论对人体内外相合要求的又一种表达。陈长兴在太极拳"十大要论"中认为，拳技"千变万化，无往非劲"，而要练出劲力，首先取决于内外是否合一。因为人体"内有脏腑筋骨，外有肌肤皮肉"，所以需将四肢百骸"散者统之，分者合之"，方能练就周身一家之动。劲之发放有赖于气，但"气之为用不本诸身则虚而不实，不行于梢则实而仍虚"。为此，陈长兴明确提出了明三节、统四梢、合五行的主张。

这一理论的基本内容是，人体可按"拳术之宗旨"（即武术活动人体关节特点）分成上、中、下三节（也称为根、中、梢三节），"以一身而言，头为上节，胸为中节，腿为下节"；人体其他几个部分又可分为三节，如以腿言之，胯为根节，膝为中节，足为梢节；以臂言之，膊为根节，肘为中节，手为梢节；以手言之，腕为根节，掌为中节，指为梢节。劲力发放，须从梢节起，中节随，根节催，在《少林拳谱》中则把"根节催"写成"根节追"，认为只有明了三节，才能起、随、追通贯协调，使周身"贯成一气，进退得法"。反之，三节不明则浑身是空。

四梢者，为发、舌、齿、甲，与"三节"一样，也指人体的外部生理结构而言。四梢说原本于"发为血之梢，舌为肉之梢，齿为骨之梢，甲为筋之梢"中医学理论，某种意义上，它是人体机能状况的一种外在反映。传统武术非常重视在动态过程中，由意念支配下的人体外部表征。不仅技术练习中要求"皮毛要攻"，即使在站桩中，王芗斋认为应"浑身毛发有长伸直竖之势"，尤其在劲力发放的一瞬间，前人大都用"发欲冲冠""舌欲催齿""齿欲断筋""甲欲透骨"等一些十分形象的语言加以要求。武谚说"四梢齐一身气足"，反过来，"身之劲不合，即于腰、胯、肩、肘并四梢求之"。

与明三节和统四梢要求相对应的"合五行"，是指对人体的内部要求而言。因中医学中人体的五脏与五行相配，故这里的五行即指五脏。"合五行"包括两个方面的意思，一是要求以五脏为主要体现的人体内部机体的相合，同时也寓指人体的内与外的相合。如山东文圣拳要求内外双练：内练心、肝、脾、肺、肾，外练头、肩、肘、胯、膝，以达养生技击之目的，显然讲的就是五脏与三节的相应相合。形意拳谱中"五行四梢要合全，气连心意随时用"，要求通过五行之内与四梢之外的相互协调配合，在心意气的作用下，练成内外相合之形，周身贯一之劲。

第三节　循序渐进

"师父领进门，修行在个人"。对于传统武技之道的把握，主要是通过"躬行践履"来实现的。能否在道德上完善自己的人格塑造以及在技艺上进入脱化神明之境，这不仅是个认识问题，更重要的是取决于实践，舍此别无他途。传统武术有着自身的规律，它需要习武者必须具有巨大的耐心和韧性，"非一朝一夕之功，一曝十寒之力所能致"，充分体现出"劲以积日而有益，功以久练而后成"的循序渐进原则。

一　重行恒久

"重行"，是中国哲学的传统。所谓"道不可离"，就是指主体不能离开实践，如果离开了实践，就不是道。因而，"笃行"一向被视为实现人生价值的一个根本手段，《朱子语类》中所讲"知之非艰，行之维艰，功夫全在行上"，强调

 武术

的也正是这一点。

传统武术的文化性质决定了它的历史衍传主要不是通过对典籍文化的理解和认识来进行的。首先,习武者道德人格的自我完善是一个实践的过程,需习武者对这一观念的理解和信仰基础上的躬身践履。其次,武术的技术提高也同样是"由招熟而渐悟懂劲,由懂劲而阶及神明,然非用力之日久,不能豁然贯通"的实践体悟过程。"践行",在传统武术中一向被奉为攀登武技崎岖山道的不二法门。一部中国武术史,总体上是历代习武者在一种价值认同下不断践履、不断总结、不断积累的发展史,从中也反映出中华民族求实务本、自强不息的文化精神。

"格物致知"是中国传统哲学倡导的认识论。清代学者颜习斋认为,"格物"就是"犯手实做其事",最真切、最可靠的真知是在实践中体验得来,反对"全不见梅枣,便自谓穷尽酸甜之理"的虚文之谈。以口传心授为特征的传统武术,奉行的是一种实践哲学。师父的经验体会可以讲给徒弟听,但难以将娴熟的技艺同时交付给徒弟,因为这种技艺是师父本人"时时操演、朝朝运化"的结果,它只能凝结在师父的个人经验之中,只能应师父之手而不能达于徒弟之身。习武者要将师父的经验及拳理转化成自己的技艺,也只能"照法实力作去。久之,四体手足动作可以

随意指挥,故能上下相连,手足相顾,内外合一,浑然天理",而不能通过任何间接方式获得。前代武林中一句不无揶揄之意的话"若还纸上寻真意,遍地都是大罗仙",表明的是习武练功中实践求知的不可替代性。

但是,我们也应看到,由于传统的习武之道过于偏重实践体验,而忽视了理论的论证与创造,因而使得积累了许多丰富的闪烁着实践理性之光的经验很少得到应有的系统整理和阐发,大多作为秘诀心法或武谚格言长期流传在习武群体内。同时,过分偏重"躬行"所导致的另一个后果,是对于一些"妄语丛丛,言之多无边际"的"家法秘传",往往采用经验事实的否定方法。然而,缺乏了理论深度的经验否定在理论批判上则有很大的局限性。

习武是人生的艰难跋涉,是一门终身不尽之学,它需要习武者情有独钟的生死相许。传统武术的目标追求和习练方式,决定了脱化神明的高深境界绝对不可能在短期内达到。明代俞大猷在《兵略对》中曾说过这么一段话,习武"学易而精难,非积累日月则不可。若不待其精而用之不效,反诬习艺之无益,夫岂可乎?"从各类基本功到招熟,再由懂劲到神明,其中是一条非有巨大毅力持之以恒而不可得的艰辛之道。《少林拳术秘诀》的作者曾不无遗憾地说,"吾见与人谈

及此道，爱之常七八，惟能始终不懈，达成成功之境者，千百中难得一人，皆无恒心所致"，并认为"此道能朝夜孜孜不辍，则三年小成，十年大成"。显然，"恒"在传统武术中被赋予了双重文化意蕴，它既是对习武者的意志品质要求，也是一条具有决定性意义的习武原则。

具有臻美特点的武技至高境界，它要求习武者的终生付出，进行不断磨砺。武术是门讲究技击制胜的艺术，是门学问，对于艺术和学问的追求也必然是永无止境的，这是中国传统武术文化魅力所在，也是驱使历代习武者无怨无悔穷毕生精力去习武不辍的文化动因。"自笑学兵已白头，初识囊中三尺练"，流露的就是《手臂录》作者对博大武功奥境的由衷感叹。关于行之维艰的终身之学，太极拳的"七言俚语"概括得极为精要，"人言此艺有别诀，往往不肯对人表。吾谓此艺甚无奇，自幼难以打到老；打到老年自然悟，豁然一贯神理妙。……循序渐进功夫长，日久自能闻真香。只要功久能无间，太极随处见圆光。此是拳中真正诀，君试平心细思量"。总之，强调毕生的躬行实践是传统习武之道的重要科律，它体现了传统乡土文化中一分耕耘一分收获的行为准则和敦厚朴实、坚韧不拔的民族性格。

二 固本筑基

朱熹曾说："穷理之学，诚不可以顿进，然

必穷以渐，依其积累之多，而廓然贯通。""玄妙灵变、隐微难见"的武技神明之境，就是一个由"必穷以渐"的日积月累发展而来，尤其固本筑基在传统习武者中有着特别凝重的情结。"固本筑基"一词意蕴两层含义：一是指习武首先要固筑好身体这个本基，二是技艺训练上要求夯实武技的本源功夫。

  习武活动是一种特有的人体运动方式。人体乃习武之本，武功的高下与人体的强弱密切相关，而且强身御侮本来就是传统武术价值体系中两个不可分离的价值存在形式。少林武僧妙兴曾说，"无论练功习技，首先养气，气沛则神完，神完则力足，力足则百体舒泰而筋骨强健，心灵性巧"。他讲的"养气"，实际就是固身体之本的一种方法。在习武过程中，各家拳种开始一般采用诸如桩功、踢腿等各种素质训练方法来促使习武者身体机能的提高。因为"身体强壮，打拳自胜人一筹"，这是个再简单明白不过的道理。即使是旨在提高抗击打能力的各类硬功夫练习，也莫不以"内脏坚实、气沛体充"为基础，舍此，"纵使日习不辍，非但不易望其有成，抑且因此受其贼害"。《少林拳术秘诀》的作者早年看到一些乡里习武者，"多罗残疾夭折之害"，究其缘故，皆因"年少血气方盛，只知贸然从事，或恃力以竞胜，或斗狠以争先，既违由渐而进之旨，逐有欲速不达之弊"，更有人全然不顾本基，用野蛮之法，"妄用其力，以残身而陨命"。鉴此，他认为，习武伊始要渐进，不可猛进，用力过猛则有伤筋脉、震脏腑，致使体魄受无穷之害。前人视习拳乃为"修道之学"，身为修道之本，本基不固，道从何出？少林寺有句武谚云："拳打一千遍，身似金罗汉"，讲的也是这层意思。

所谓"本源功夫"是指直接为提高技击能力服务的各类基础功夫，注重本源功夫是固本筑基的又一层内容。"学艺者不追求根基，如水无来源，波浪虽涌，终有枯干之日"。修剑痴在1931年《通背拳术》中的这句话可看作是对吴殳所提"本源功夫"一词重要性的简明释意。从内容看，大致有明刚之劲的劲力训练及不尚虚华、突出技击旨意的各类基本技法训练等。本源功夫，在传统武术中历来深受重视，清末的一本《同备拳谱》中称其为"入门安根基之艺，不可不知"。对此，吴殳在《手臂录》中曾有一个相当形象的比喻。他把本源功夫与神明之境看成是一个塔顶与塔基的结构关系，"塔顶贵美，为一塔宗主，而无七层砖土平常之物，亦不成塔"，塔顶的无限风光，当由塔基支托。形式上，本源功夫全不似"猿惊蛇跃"徒炫人目的"江湖卖技"，而是一种"初解之甚易，实求之最难。以表面观之，浅如清水；以其内容论之，深似阴阳"（修剑痴《通背拳术》

1931年抄本）的筑基实用之技。前代武林中盛传的郭云深半步崩拳打天下，也透露出筑基功夫的重要性。因此，传统武术都主张"一法不熟，不教二法"的习武原则。

另一方面，习武之道贵在坚持，当以不过度、不过分为紧要，如果超越了这种规定性，就会适得其反，也就是人们常说的"过犹不及"。"过力不长功，过力必伤身"，是在长期实践中总结出来的一条经验之谈。然而，在农耕社会中由经验层次上总结、积累的传统武术理论，对于"度"的把握基本处于一种"定性"的水平，其中不乏闪光的理论亮点，但总体上不免显得粗率，需要今人做理论上的深入分析和整理。

传统武术中的"度"，转换成现代运动训练学词汇，当是指适宜的运动负荷而言。习武需要适宜的运动负荷，这是传统武术非常重视的一个问题。"紧了崩，慢了松，不紧不慢才出功"。前人根据一般初习者往往易有急于求成的心理，指出了盲目猛进的弊端。人对于负荷或刺激的承受能力是有一定限度的，负荷过度，人的机体非但不能产生适应性变化，还会出现劣变反应。其次，习练中如超出身体的负荷能力，则会引起技术动作不协调、不精确，这就是《陈氏太极拳图说》中强调的"强为运动，以致（动作）出乎规矩"，故作者陈鑫一再主张习武要"顺其自然则

得矣"。在对待如何把握运动负荷的度上,传统武术通过长期的实践总结出了"酸加、疼减、麻停"的习武原则。其中酸、疼、麻是指不同的运动负荷对人体造成的不同肌肉感觉,加、减、停则是针对不同肌肉感觉而提出的不同负荷调整。尽管传统的"六字训练原则"本身只是经验层次的一种感性总结,缺乏必要的理论说明,其中蕴含的智慧却不容我们忽视,它符合现代运动生理学、运动医学和运动训练学的基本原理,至今在广大民间习武群体中有着理论影响。

第四节 自我体悟

直觉体悟是中国传统思维方式中的一个重要特征。所谓"直觉"是指一种不经过逻辑证明就直接认识把握事物的思维形式；所谓"体悟"是指认识主体在对事物直觉认识过程中反复玩味、琢磨后的自我会意。直觉体悟，突破了逻辑分析和文字语言的局限，积极调动了感知、理解、情感及联想等诸种心理因素，从而把握对象的内在意蕴，它与日积月累的经验认识一起，共同构成了中国传统认识事物的两大途径。尽管在前人的武术论著中很难找到一篇专门阐述有关直觉体悟的文章，但在各类材料中都指出了直觉体悟在习武中的重要性，并体现出有关思想和要求。

一　形神兼备

长期以来，口传心受是传统武术的一个主

要传承方式。习武中的"法法口授",固然有广大下层习武者"不娴文字"的文化原因,但也有传统武术自身的内在要求,这一要求就是指习武者的自我体悟。

各式各样的招势练习,只是习武过程中的初始阶段。对于习武过程而言,一招一式的形架是可视的、可模仿的直觉体悟的基础,只是一种"可言之术"的"筌蹄",只有灵活应变的神妙之用,才是体现传统武术主体价值的"功夫深处"。在广大民间习武群体中,往往把那些不善于用心揣摩体悟,一味蛮练者称为"傻把式",这也是传统武术择徒时非常注重被择者的"性能""根器"之原因所在。《六通短打图说》中云"学拳之理,难于知应用,须精心体察,阐发妙用",《拳意述真》中记述前人所言云"法术规矩在假师傅,道理巧妙须自悟会",都是强调习武者对拳理技法内心认识的重要性。"因敌成体"的武技运用之妙,看之不见,听之不闻,搏之不得,但却是一种客观存在,对于它,很难用逻辑方法去分析、去实证,只能诉求于习武者自身的精心体察与领悟。

"道"作为中国传统哲学的基本范畴和最高范畴,它无形无象,难以言说,但其中包含着中国先人的文化智慧。在大道运行的文化折射下,武术同样体现着恍兮惚兮的"道"的精神。站在道的角度，招式练习只是操作层面的"有形"表达，是一种有迹可寻的形而下的东西，尚未从本质规律去把握武术的真谛，只有那有感皆应、浑然无迹的神明脱化，才闪烁着武技之道的精神。在传统武术的训练环链上，依仿招式的演练固然也需要习武者的直觉领悟，但毕竟这是个有迹可循的形架"招熟"阶段。当由"招熟"进入"懂劲"，再由"懂劲"进入"神明"时，原来的形架招式逐渐化为习武者"我有胸中十万竿，一时飞作淋漓墨"的胸中之竹，这是个由形到化的过程，按吴殳的说法叫"非可教可学"，"精妙入神之法……须心领神悟，岂粗心力猛者能与哉？"王宗岳在《太极拳论》中提出了招熟、懂劲、神明的习武三阶段，并指出，"懂劲后愈练愈精，默识揣摩，渐至从心所欲"，强调的也是在大量经验积累基础上综合体会、豁然开朗而出现的体悟感受。如同《庄子·知北游》说的"道不可闻，闻而非也；道不可见，见而非也；道不可言，言而非也"一样，可言之道非道，因为在不可言说的感悟中，存在着比文字与语言更可靠的真实，尤其当人们的认识活动具有较强的技巧性、情境性时，以整体经验为特征的直觉体悟具有不可替代的方法论意义，这也是为什么前代习武者认为"练功习技之人，与学道修禅相似"，其"功夫者，其可以意会，而不可以言传者，则在学者之精心领悟"的原因所在。

　　直觉体悟不是一种无端的冥思苦想。传统武术往往借助比附、联想、判断、推导和自我暗示的心理活动来作为觉与悟的方法路径，从一事物与另事物的某种相似或相近点出发，或通过对一事物的形象和本义的引申，用一事物去比喻和表征另一事物，从而突破了事物间的时空界限，形成一种主客观高度融契后产生的内在张力。在这种思维方式作用下，传统武术形成了颇具特色的意象训练。所谓意象训练，简单说就是习武者在主体情思对客体物象的喻解领悟基础上进行的训练方式。可以说，以个人感悟为特征的意象训练，是传统武术理论中充满民族文化韵味的重要所在。"意"在具有鲜明内向性思维特征的传统武术中实在有着难以磨灭的久远影响力。太极拳家吴公藻曾在《太极拳讲义》一书中释"意"曰："意者，设想之谓。"当然，"意"的设想须以一定的客体为对象。拳技"看其意象什么形，即以什么命名"。（陈鑫《陈氏太极拳图说》）命名的内容，便是主体情思后的客体物象，它能使人产生联想、喻示，从中得到意会体悟。另外，汉字的象形原则又大大强化了人们的意象思维优势，重视对事物的直觉和形象运用，养成了一种重比附、重含蓄、重体悟的揣摩这样一种文化性格。在意象训练的比附对象上，主要有两类内容：一类是自然事象（尤其是动物），另一类是人文事象。

《拳意述真》中所记述的形意拳家宋世荣一段有关十二形中蛇形的论述很有启示意义。他说，蛇有"盘旋屈伸、刚柔灵妙等式，皆伊之性能也"。从蛇的生物性能中，他领悟到：其伸者，是吾拳之长劲也；其屈者，是吾拳之短劲也；其曲曲弯转者，是吾拳之柔劲也；其往前直去快猛者，是吾拳之刚劲也。然而，诸如龙与凤等，并非客观世界的真实之物，但同样是意象训练中的有机内容，如练龙拳，要求似"神龙游空，夭矫不测"，练枪法要求"若龙在深渊而能动云雾"等。如何来认识这一点呢？一般而论，视觉图景应该是日常生活中可感知的物象，但当将此作为一种文化观念时，问题就变得复杂起来。每个民族的文化观念形成，都有一个漫长的历史过程。原先的许多文化活动样式，随着岁月的流逝已不复再现，但并未被抛弃，而是在不断整合后更深沉地积淀在文化观念中。龙与凤曾是中华民族文化史上的两面图腾旗帜，即使现代中国，仍将龙飞凤舞作为民族文化的象征，成为艺术表演和日常生活中的审美对象。作为传统文化组成部分的武术，不可能不受到这种文化观念的熏染和浸润，龙与凤在传统武术文化中的影响，从一个方面反映了图腾符号的世俗化变迁。今天，尽管人们都知道龙与凤是并不存在的虚构生物，但它们的构成都是有迹可循，通过"立象征义"可获得一种文化意义上的真实，从而转化为传统武术意象训练中的视觉图景。属于自然事象的内容，常见的还有如山岳、植物、江河及雷电等。这些内容一方面丰富了传统武术的表现力，同时也有益于习武者从生活环境的诸多自然现象中进行直觉感知。

对于历朝英雄人物的崇拜，是传统武术文化的一大特点，也构成了意象训练中另一半的人文事象类内容。传统社会中，由各式英雄人物贯穿而成的传闻故事在广大民众间拥有最大市场，并对他们的文化心理产生了极大的影响。对于一般民众而言，情节入胜的传闻故事是茶余饭后的助兴谈资，而对于习武者来说，还有一层文化作用，即英雄传闻故事不仅是文化消遣，同时也是有关意象训练的前期知识教育和信息储存，这类信息积淀在个人的意识深层，形成一种观念图景，并不时在外界刺激的诱发下反映出来，成为意象训练中的重要内容。比如，水浒故事中的武松，是一个广为人知的人物，也是传统武术文化所崇拜的一个英雄，至今在民间习武群体中，流传着以他的事迹创编的传统拳械套路，如"血溅刀""打虎棍""鸳鸯腿""脱铐拳"【图4-2】（又名起解拳）等。民国年间出版

◀图 4-2 脱铐拳

▶图 4-3 民国年间出版的《武松拳谱》

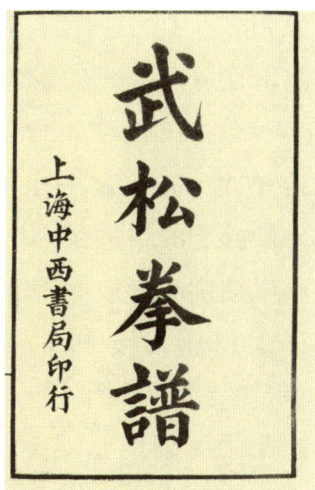

的《武松拳谱》【图 4-3】中要求练"打虎棍"时"处处学武松昔日打虎情形,则一气贯注,自得神妙";习练"起解拳"时要求"此拳宜迅疾,因当时武松瞬间杀二公差,如一迟缓,则失精神"。这样的练武要求,没有纯理论的描述,它仍是以一般习武者都稔熟的感性知识为视觉背景,在一种"角色效应"中去体会领悟所练拳技的主旨,完成对"拳意"的理解过程。

二 主体实践

有学者指出,中国传统哲学是一种实践哲学,其哲学思维也是一种"内证圣智"式的实践思维,因而对于"道"的证悟,也必须诉诸于主体实践来完成,"它根本不是理智思辨的问题"。(蒙培元《中国哲学主体思维》)传统武术同样如此,它一方面讲究习武者的"性能""根器",同时更

 武术

强调自身的躬身践履,对于武技之道的直觉体悟,离不开习武者日积月累的实践过程。

在中国传统哲学实践理性的深刻影响下,传统武术并不过多注重拳谱中的文字图式,因为从静态的拳谱图形中绝对领悟不到变化莫测、难见端倪的武技奥境。"拳术必须口授,图说虽详,只是供学者参考,不能恃为入手之圭臬也",由于"拳技之妙,全在变化",故只能在传承实践中去深刻把握领会。事实上,每每被视为枕中鸿宝的一些拳谱秘籍,对相当一部分习武者而言,或是一种文物式的典藏,或是作为本门拳种某些理论与"历史接轨"的一种引证,或是从中获得一种来自历史文化的自信,即使有些寓意深刻的要言诀语,也非在习武实践中去体会参悟不可。太极拳七言俚语中讲的"吾谓此艺甚无奇,自幼难以打到老;打到老年自然悟,豁然一贯神理妙",表达的也是实践对于体悟的重要性。这一过程与前贤所说的学问之道极为相通,如果没有"衣带渐宽终不悔"的不倦追求,难有"蓦然回首,那人却在灯火阑珊处"的会心自得。

对于习武之道的求索,是一个"循序渐进功夫长,日久自能闻真香"的渐进过程,绝不可能通过禅宗式的棒喝顿悟而一蹴即成。值得注意的是,古往今来的习武者们,在实践中如

何进行体悟的具体认识上，为我们提供了一个相当有价值的启示：练是基础，思是关键。武谚说"拳打万遍，神理自现"，这就是说，武术的"神理"是在坚持不懈的苦练基础上豁然自得的。宋书铭传抄的太极拳谱中，把《中庸》中所提及的"博学、审问、慎思、明辨、笃行"作为"用功五志"。从其所涵盖的内容类别看，博学、笃行当属"练"的范畴，而审问、慎思、明辨则当属"思"的范畴。明代俞大猷在《剑经》中曾说"学荆楚长剑，颇得其要法"，而要法之得，则来自于"思而学，学而又思，思而又学"的结果。清代的武禹襄，也是在日久的练拳过程中默识揣摩王宗岳的"太极拳论"，每有心得，当即用纸条记下，贴于堂房墙上，反复验证实践，终成一代太极拳宗师。武谚"拳学好，三凑巧，方法多练加琢磨"。这种练思结合的体悟方式，至今是传统武术的金针宝筏，这一方式使一般无法形状、难以言说的直觉体悟有了一个大致可循的实践指向。正是从这个意义上，《拳意述真》中把"心思会悟，身体力行，日日练习"，视为拳技"方能有所得"的基本条件。

  应当指出的是，作为传统习武原则的直觉体悟，在实践中有它不可替代的作用。但是，由于这种产生于农耕文明背景下的思维形式建立在经验范围之内，一旦思维对象超出经验范围，就

往往会滑向不可捉摸的神秘主义。直觉体悟本身是依靠主体的内心体验而获得的一种圆融自足的最高认识，它强调个人自身的内省，然不重视理性的概念分析和逻辑演绎，往往满足于"知其然"的结论，而不关注"知其所以然"的逻辑过程。具有悠久历史的传统武术一直未能形成实践意义上的理论体系，这与过于注重直觉体悟、疏于理论分析有着密切关系。

第五章　精神航船

中华民族有着悠久的道德伦理传统。武术在这一传统浸润、滋养下，逐步形成了具有自身文化特色的重要内容——武德。作为武术文化视野中的又一文化景观，相对于整个社会来说，武德有其"武"的内容与特点，而对于习武者而言，武德则具有普遍的精神指南意义，反映了其自身的道德修养。

第一节 日常伦理

中国传统社会中，道德伦理纲常支配或影响着任何一个文化领域。在武术传承中，所有拳种也莫不把种种道德伦理规范作为习武者入门后的第一个教习内容。《习武序》作者杨炳在"习武规矩"第一条中就要求，"凡立教之始，务要他（习武者）知孝悌忠信礼义廉耻之道。"这里把传统武德中明显反映日常伦理要求的内容，称为武德伦理。

一 孝 悌

武德伦理规范很大程度上是对一般日常道德伦理的继承，其核心内容首先是孝悌。孝，指孝顺，善事父母，古代以尽心奉养和服从父母为孝。由于师徒传承是以模拟血缘关系为特点的，因此，血亲之孝也就自然转换成服从以"师"为代表的传统价值观与要求。一份光绪二年（1876）

传抄的《秀拳拳谱》中有这样两句话:"父母面前他不孝,师徒情肠焉孝贤",反映的就是对父母之孝向师父情肠的换置。在一个没有任何经济保障的社会环境中,一旦师父遭有他事,分忧尽孝当是徒辈们义不容辞的职责。尤其对于一些孑然一身或漂泊在外者来说,对于孝道要求更为强烈,一旦驾鹤西去,徒弟还有披麻戴孝安排后事的义务,如《论语·为政》中所说:"生,事之以礼;死,葬之以礼,祭之以礼。"

悌,反映的是师门中的横向人际关系。《说文解字》释"悌"为"善兄弟也",即敬爱兄弟之意,反映在师门中即是师兄弟之间的敦厚和睦。《少林拳术秘诀》中的前后"少林戒约"都规定:"对待侪辈,须和顺温良,诚信毋欺,不得恃强凌弱,任兴妄为",同门之间"宜至诚,亲爱如兄弟,手足之互相救助,互相砥砺,违此者即以反教论罚之"。河北八极拳门1936年订立的"谱规凡例"中也明确要求,"同门之人以和睦为贵,不可逞自己之刚强,灭他人之志气,尤不可因比试之胜负遂引类呼朋,以致同室操戈"。这些规定要求,反映出的是对"家门睦,万事兴"信条的奉行。

二 敬 诚

敬诚是武德伦理的核心内容之一。敬诚原是宋明理学中为仁达圣的一个十分重要的修养功夫。值得注意的是古人并没有把敬诚仅仅作为一种理论说教，而是力图通过一种日常行为来摄入人心。清人颜习斋有言，"古人教人洒扫即洒扫主敬，教应对进退即应对进退主敬……无往非敬也。"传统武术中也极为注重"敬诚"两字，并赋予了它自己的文化内容。

第一，表现为伦理意义上的恭敬谦和。康熙时期，梅花拳的"学技之士，务要知安详恭敬"，每当焚香拜师，也"只要诚敬为主"；《少林拳术秘诀》中要求"平日对师长，宜敬谨将事，勿得有违抗及傲慢之行为"；民国时期的《拳道中枢》中同样提出"习拳即入门，首要遵师亲……举心宜恭慎，如同会大宾"。至今不少拳门中仍把师视为"三纲之一"，恪守着"尊敬师长"之礼。第二，在强调伦理规范的同时，还明显包含武技习练方面的内容。明代的"内家拳法"中有"敬、紧、径、劲、切"五字拳诀，虽然黄百家在《王征南先生传》中未对"五字诀"中的"敬"字进行具体诠释，但明确指出，"五字诀"是由七十二跌、三十五掌、十八法等"总归存心"而来；至清末的陈鑫，则对"敬"字明确作过习武层面的诠释："打拳之道自始至终不外一个敬字。能敬则专心致志，自无鸿鹄之射扰乱胸中"；"壹志凝神专主于敬"，这有利于"初学者上场时先洗涤虑去其妄念，平心静气，以待其动，如此而已，可以学拳";"打拳时执事敬,自然周中规、折中矩,而视听言动皆在规矩中矣"。由于"敬"与"静"这两层内容具有一定的内在联系,故在一些拳谱理论中也常将此连一起加以阐发:"静由敬得,静从动见,得静于敬,其静乃真……真静学技,技自得焉。"(《软门拳精华录》抄本)这个交合着道德伦理原则与习武要求的"敬"字,是传统武术文化中的一大内容和特色。

三 武德伦理的遵奉

武德伦理规范是构成传统武德的重要基础,也是各家拳种需要遵守的重要门规内容。除了上面举例之外,福建咏春白鹤拳门也提出了类似的"爱学弟、和乡邻,知高低,敬师长"的"五顾体已之份"。20世纪90年代江苏沛县编印的一本《大洪拳三晃膀拳谱》中载有"武学十规",曰:"立志气,正心术,慎威仪,寡言笑,速改过,纳直谏,思孝悌,亲师友,戒戏谑,勤学问",基本上把对习武者的道德要求作了一个全面概括。还有许多是通过一些朗朗上口的拳谚诀语来提出要求的,如清末民初的《少林打经书拳谱》中所记"操练功夫,不可贪淫,不可妄为……惜身为金,仁义而行",《得心应手·操打要言》中的"学者先养性,切莫自称能。轻狂多误事,私重人自尊。……好酒多败力,好色多败身,好财多生事,好勇灾及亲。……师父告诫你,紧紧记

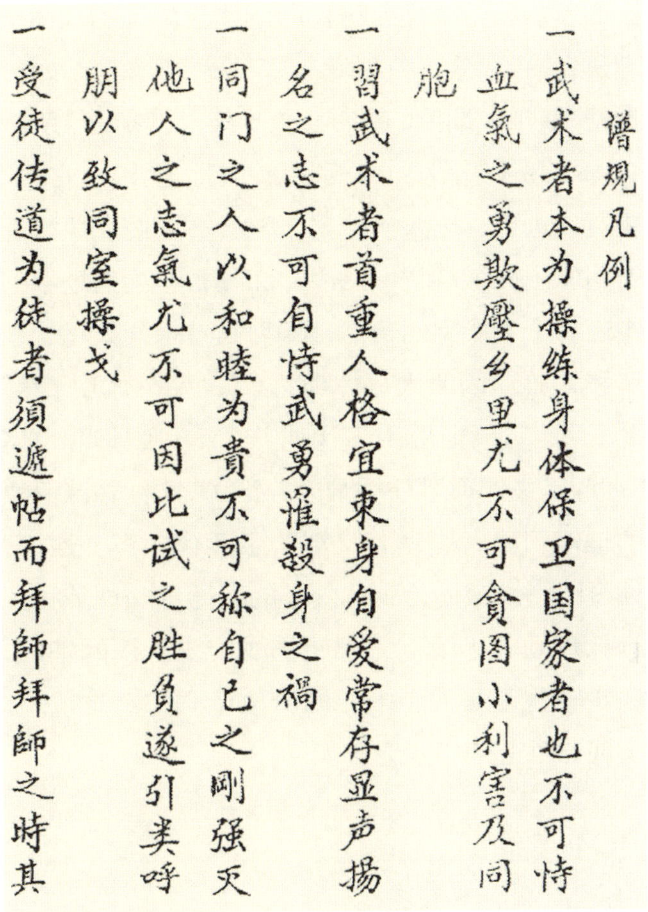

图 5-1 八极拳的"谱规凡例"

谱规凡例

一武术者本为操练身体保卫国家者也不可恃血气之勇欺压乡里尤不可贪图小利害及同胞

一武术者首重人格宜束身自爱常存显声扬名之志不可自恃武勇濯毁身之祸

一同门之人以和睦为贵不可称自己之刚强灭他人之志气尤不可因比试之胜负遂引类呼朋以致同室操戈

一受徒传道为徒者须遮帖而拜师拜师之时其

在心；有法传授你，终身莫忘恩"等，其中的贪淫、妄为、好酒、好财等，无一不是传统日常道德伦理所告诫的主要内容【图 5-1】。

武德伦理规范的一个明显的特点，就是要求习武者在平日饮食起居中的遵奉。清代杨炳《习武序》中要求徒弟"凡见师面，即便站起，不可视若路人""不可并肩而行，同凳而坐"。随着社

会的发展和整个文化结构的调整，传统的武德伦理规范在各拳门中也发生了巨大的变化。如上世纪90年代编撰的《沛县六步架大洪拳谱》所载13条"弟子礼仪"，分别从站相、坐相、言语、应对、进退、出入、侍坐、随行、邂逅和执役等方面做出详细规定。据说，江苏省丰县当地拳门中还有个不成文的习俗，即习武者忌食犬马、乌鱼和大雁。因为犬马体现"忠"，乌鱼体现"孝"（据说是乌鱼老后由下代哺养），大雁体现"义"（据说是失伴孤雁往往难以存活）。这种忌讳反映的是对习武者忠孝节义观的生活化教育。这样，通过以孝悌敬诚为主体内容的道德伦理规范和多种教育灌输手段，力求使构成传统武德的基础，逐步转化为习武者内心的价值认同和自觉行为，实现自身道德自我完善。

第二节　意志品质

　　意志品质，是指一个人在具体实践中自觉克服困难，实现预定目标的一种比较稳定的心理特征。由于这种心理特征与道德实践发生着非常紧密的联系，故人们习惯上也把它归入道德图景之中，称为"道德意志品质"，作为对人的"思想品德教育内容之一"。如果说意志品质在当代竞技体育中主要体现为运动员的顽强拼搏精神，赞美的是一种"力"的展现，那么在传统武术中强调的是习武者通过体肤磨砺而达到的人格完善，是一种对"德"的颂扬，其中包含了"勇能达德"的内容。

　　社会中的每一个人，都是在各自的社会实践中来获取对道德法则和内容的理解，继而在实践中加以体现的。对习武者而言，从拜师习武到学有所成，既是武技水平不断提高的过程，同时也是锻炼意志品质、逐步深化对武德的理解过程。《武术汇宗》中说"苦练功夫,体得先贤",就是带有这样一种道德指向的概括。另一方面,传统武术有这样一个认识:良好的意志品质是习武者能得武技真谛的保证,武谚"德薄艺难高",清楚地说明了这层含义。作为完整反映一个习武者习武过程中心理特征的意志品质,主要由习武者专心、苦心和恒心"三心"内容组成。

一　专　心

一般讲来,习武都处在习武者的黄金年龄段,在此期间,每个人都会遇到许多实实在在无法回避的各种事情的困扰。这对于一位志在攀登崎岖习武之道的人来说,就要有种异乎寻常的品质要求,金恩钟《少林七十二艺练法》中强调"遇一切外魔挫辱淡然恬然,不介于意,任人之笑骂嘲激,而无动于心,神专志一"。万籁声在《武术汇宗》中说,"外物相诱惑,或来疾疠灾害相侵扰……必毅力与之抗衡,百折不回,一如平者",其实就是指意志品质中的专心。专心即是用心专一。习武者如能神专志一,就能漫润其中而心无旁骛,历史上许多卓有成就的大家,以他们的实践向我们讲述着这个简单的道理。比如,据武莱绪的《先王父廉泉府君行略》中记载,清代太极拳宗师武禹襄"博览书史,有文炳然",然不以功名为念,毕生"穷心太极拳术为事",

武技达臻化境。据说他临终前尤为侍疾诸徒讲论太极拳术，娓娓道来，孜孜不倦。

拳不在多在于精。专心还有层意思就是要求每习一技，精熟一技，"多而生，不若少而熟也，数着既熟，旋旋加之，以造神化"，故传统武术历来主张"传一法，练未熟，不教第二，第二法不熟，不教第三"。近代著名形意拳家郭云深在较长时间里只练崩拳，深得精髓，后以半步崩拳称雄武林，其师李飞羽曾在两年之中只练劈拳和半趟连环拳，"诚心习练，日不间断"，被认为"忠诚朴实"而得到老师的"用心教授"，最后"学乃大成"。

二 苦 心

技艺功夫的点滴进步，无一不是刻苦磨砺的结果。传统武术理论中有这样一个观点，认为习武者必须经过"三膘三瘦"（有的地方又称"三肿三消"）的形体变化，劲始入骨，又须经"三伏三九"的刻苦磨炼，劲始归根。显然，这是对习武者吃苦耐劳、体肤磨砺的意志品质要求。习武过程中的酸筋痛骨非常人所能忍受，从这个意义上，我们不妨将此称为"苦心"。如传统枪法历来注重"戳""革"两字的本源功夫。《手臂录》作者吴殳曾具体描述了习练这种"本源功夫"的艰辛过程：每次"以力竭为度"，虽"杆以苇絮封其端，而又厚缚纸竹于前臂，然犹左腕右臂青

紫流血，恒不绝见"。

桩功，在各类功法练习中，是传统武术的重要内容，最为枯燥艰辛，非苦难得其功。武谚曰："未习打，先练桩。"传统武术无论内外南北诸家，莫不以站桩为学拳之始的不二法门。站桩时间"由少至多，倦则少息再站，酸苦到极点，始可休息"，长期下来，可将"浮力换去，新力自生"（金一明：《六通短打图说》），有人称之为"换劲"，其目的：一是为了增强腿力，稳固下盘，以免气血上浮而根底不坚，二是磨炼人的性格。河北孟村的八极拳称此站桩为"磨性"，即磨去浮躁之性。这种苦心需要习武者有足够的思想准备和坚韧不拔的毅力，才能战胜自我。"欲得其中真妙法，苦磨苦练得天机"。万籁声在《武术汇宗》中称"苟无坚心苦志之士，未有不半途而废者"。

三 恒 心

恒心，指持久不变的意志。"功夫"一词，语言习惯上既是武术的别称，又指时间，这种语言学上的共源性正好反映了习武练功与时间之间的关系。习武，是一个长期锻炼的过程，鲜有一蹴而就者，传统理论中历来有"三年一小成，十年一大成"的说法。武谚"铁杵磨成针，功到自然成"，表达的也是这个意思。因此，是持之以恒还是半途而废，是考验习武者意志品质的一个重要方面。《少林拳术秘诀》的"五要说"中写道：

"既得方术，要以恒心赴之，勤敏持之，不可中道停辍"，太极拳谱中的"盖劲以积日而有益，功以久练而后成"，表明的也是这个意思。清末陈鑫在《陈氏太极拳图说》中曾对"恒"字的重要意义专门作了阐释："人之用功，惟恒最贵"，"能恒则成，不恒则败"，"志恒二字，乃做事要诀，学者不可不知"，同时也批评了当时一些"未用功而先期效，稍用力而即其成"的庸懒者。另外，还特地在他的《太极拳经论》中总结道："人言此艺有别诀，往往不肯对人表。吾谓此艺甚无奇，自幼难以打到老。打到老年自然悟，豁然一贯神理妙。"豁然贯通的神理之妙，即源于自幼到老的不懈追求。历史上也有不少习武者尽管有较好的自身条件，但因未能持恒，中途停辍，故也难入武技堂奥。清代的黄百家，原师从著名内家拳大家王征南习武，亦有所得，然其后"降心抑志"转注举业，遂使一代拳法成为"广陵散"而引为终身之憾。

"运到有形归无迹"，一向被视为武学中的至高境界，不过这一境界是抒情式的，具有多义性和不可穷性，因此，许多人把习武看成是以生死相许的"终身不尽之学"。孙禄堂在《拳意述真》中明确指出，习拳"勿求速效，勿生厌烦之心，务要有恒"，应作为自己一生始终修身之功课。传统武术与

以"运动寿命"为特征的现代竞技体育迥然有异，它要求的是习武者用整个生命对它锲而不舍的践履。专心、苦心和恒心"三心"互为作用，是习武者意志品质的三个有机构成，也是对每一位希冀在武功上登堂入室者的要求与考验，透射出中华民族自强不息的进取精神。

第三节　侠义精神

在传统武德的结构图景上,武德伦理规范是武德的基础,意志品质是武德的实践磨砺,而集中体现了传统文化中"内圣外王"思想的侠义精神,则是传统武德中流光溢彩的无限风光。千百年来,它绽开"武"的横空浩气,渗入广大民众的心灵,成为人们判断事物的某种价值尺度,也是为习武者所设计的实现人生价值的理想境界。侠义精神,是指历史上习武者以武技(功)为手段,以道义为规范,在社会活动中显示自我价值的一种自觉心理状态。

一　侠　义

长年寒来暑往的种种严苛磨砺,习武者不但把道德伦理深深地烙入了自己的灵魂深处,而且锤炼出了百折不挠的顽强意志品质和良好的行为规范,原本抽象的道德概念已转化为一种内心

的价值认同和生活态度，这样就初步完成了对一个习武者的道德教育过程，随之而至的是习武者对臻美侠义精神的主动选择和不懈追求。

侠在春秋战国时期原指那些挟技行义者，又被称为"武侠"。因而，"武"是侠义精神中的基本特质，是在传统社会中匡扶正义、实践书剑恩仇的物质力量。或者说，只有具备了"武"这一物质力量，才能使道义的行为更具可能性、现实性。在冷兵器时代，谙熟武术的人当然比一般人更具攻防技击能力。《韩非子·五蠹》中称"侠以武犯禁"，为"私剑"之属，并建议统治者当以离法犯禁之罪而诛之。可见，从侠出现的早期，就与"武"结下了不解之缘，而且还是不受官府羁绊、具有某种相对独立人格的社会群体。虽然"宁可无武，不可无侠"，但事实上把"武"从侠中抽去的话，这样的侠不仅变得毫无滋味，在实践中也很难有所作为。相反，只有具备了超人的胆识、超人的品质和武功，才能成为传统社会民众心目中渴望的英雄，才有可能去践履传统武术的终极目标——内圣外王。

二 "义"为侠之精神立法

"人们往往是根据自己拥有的价值理想或最优化社会价值来进行期望、选择和评价的。"人们欣赏侠的高超武功，更崇拜侠的人格魅力。在道德本位的规定下，艰苦的体肤磨砺是一个道德意志品质的培养过程，在以后的社会实践中，"武"也只是捍卫道义的手段。舍此，习武则会陷入无穷的迷惘，甚至误入歧途。《论语》曰："好勇不好学，其敝也乱；好刚不好学，其敝也狂。"如果"勇"和"刚"可以理解成武技或功夫的话，那么就需要习武者的"学"，即是本人的秉性修为和对道义的认识与把握。如无这一"内圣"的规范，行侠仗义的"外王"中，英雄有可能成为霸道江湖的枭雄。司马迁在《史记》中首次对侠的道德概念进行了归纳，"救人于厄，振人不瞻"，"其言必信，其行必果，已诺必诚，不爱其躯，赴士之危困，既已存亡死生矣，而不矜其能，羞伐其德"。显然，司马迁的认识更多侧重在对"侠"的重诺敢为、不望图报的特点上，但后世对侠的道德要求明显集中在"义"的范围内。"义"是指合于一定的道或理，即符合一定的道德标准。《礼记·中庸》云："义者，宜也。"韩愈进一步解释为"行而宜之谓义"。引申开来，便是指正义、道义。唐人李德裕在《豪侠论》中云："夫侠者，盖非常之人也，虽以然诺许人，必以节义为本。义非侠不立，侠非义不成"，清楚地告诉人们，侠必须主持正义、道义，"义"是为侠者的基础，是侠的精神立法。

传统武德中的侠义精神的具体内容主要表现在对习武者所要承担的社会责任和秉性修养两

个方面。在社会责任方面表现为匡扶正义、除暴安良、见义勇为、无私奉献等,是传统社会条件下摆在每一位武林人士面前义不容辞的道义重任,能否担负起其使命,是评价其武德水平的又一把尺度。

作为一种充满生命力的文化,它不会停留在一般意义上的自身活动范围之内,必然带着自己的思考和价值观,进入更为广阔的社会空间,以表现出传统乡土文化强烈的入世精神。在封建社会中,当各方面矛盾平缓时,它辅助朝政,"治四海如磐石之安";当社会矛盾激烈时,则又荡敌护国,"替天行道"。诚如《耕余剩技》作者程宗猷在《少林棍法阐宗·纪略》中讲的,其习武是为了"壮干城,靖疆圉,俾师门之指授益藉光且大也"。由此我们也就不难理解,为什么明代的少林武僧或听从朝廷调遣,征讨农民义军,或在国家危难之际奔赴前线,与来犯的倭寇浴血沙场,以致像顾炎武这样的一代学者对此击节赞叹,并在江山鼎革之际,留下了"寄语惠旸流,勉待秦王至"的诗句。清末"少林戒约"中要求"肄习少林武技者,必须以恢复中国为志",突出的是民族大义;万籁声的《武术汇宗》授徒门规中,列有"十愿",其中的每一条几乎都是要求习武者日后所要担负的社会责任细目。在实践中能否很好地履行这种社会责任,除了要具备"以武犯禁"的基本力量——高超的武技外，更重要的是取决于担负者有否嫉恶如仇的刚正品格，善察是非的判断能力，服务于社会的奉献精神和明知不可为而为之的非凡勇气。这样就引出了侠义精神的另一半结构内容，即对习武者的秉性修养要求。属于这部分内容的大致有立身正直、善恶分明、重义轻利和守信践诺等等。如果说要求担负的社会责任是侠义精神的外在行为，那么所要求的秉性修养，则是形成侠义精神的内在基础，两者的结合，也就形成了传统武林中的特有气质，一种完美的人格象征。清末民初时的精武体育会【图5-2】【图5-3】，在其"精

◀图5-2 霍元甲
▶图5-3 精武会首任会长农劲荪

武会训"中就这两方面对每位会员提出了要求："凡我会员必须以仁爱为怀,服务为旨,以我所有,助人所无;牺牲个人力量,以求造福于人群;忠信待人,廉正守己,见义勇为,积功于天爵;重振风教,多行而寡言。凛遵斯旨,庶几完人。"毫无疑问,这种几近完美的道德要求,即是一种侠义精神在生命哲学中的闪现,很大程度上被赋予了传统的理想道德情感。故而这种侠义精神对广大民众有着巨大的文化感召力;同时,对于一个长期以儒道互补为传统的社会来说,呈现出一道超越功利的亮丽风景。

伴随着整个习武生涯,侠义精神如同武学中的最高境界,时常拨动着习武者的道德心弦,同时它又有着高度的实践指向,驱动着习武者穷毕生精力去接近、去实现自己的道德境界。据此,我们把传统武术说成是高扬道德哲学的东方人体活动方式,一点也不为过。

三 道德光环背后的警示

传统武德经历了不同的历史年代,在人们的理解阐释和实践中实现着自己的生存与进化,它的基本精神至今在民间习武群体中发生着影响。必须指出的是,传统武德是吸吮了封建社会民俗文化的乳汁而孕育、滋养的。一方面,它具有随社会进步而不断附丽发展起来的民族传统文化中的优秀部分;另一方面,也不可避免地蓄积着一些沉渣，长期以来习武群体中出现的不少流弊陋习，有些正是传统武德之光笼罩的结果。比如，"一日为师，终身为父"为特点的孝和"一入师门，不能三心二意"为特点的"忠"所组成的传统师徒传承，其中有对师道尊严的内容，但这种尊重是以封建宗法制为基础。因此，在整个传承过程中体现为一种强烈的尊卑长幼，不可逾越的人身依附关系。对内，表现为徒弟应声叫声应，"事师如父，执役如仆"的礼法；对外，则形成文化心理上的"唯师是从"的门派之争。

武林"义气"是传统武德中的一大内容，在观念上历来被习武群体视为高于生命的东西。但"义气"一词却极为宽泛，既有见义勇为、扶危济困的社会价值系统，又有表现为义气相投、为朋友两肋插刀的情感价值系统。如果不分时间、地点、场合，一味以"义"为重，所谓"三杯吐然诺，五岳倒为轻。眼花耳热后，意气素霓生"，而抽去了"义"的根本道德支撑，那么往往就会滑向一种盲动与破坏，在"义"的幌子下做出一些有悖于社会的不法之事。这就是《豪侠论》强调的"虽以然诺许人，必以节义为本"。据1989年9月24日《中国体育报》报道，辽宁省某县有位著名武师，他纠合徒弟成立了一个"五义帮"，打出"杀富济贫"的口号，半年内用绑票、行窃及打家劫舍等方式，"吃"了20多个万元户，当

然也把所得的部分钱财分给了一些贫困人家,当公安机关将其逮捕归案时,竟振振有词地宣称自己的违法行为是"义举"。凡属此类,难道不是一种社会警示吗?

传统武德经历了不同的历史年代,它在人们的理解阐释和实践中实现了自己的生存和进化,虽然在发展中裹挟着上一个时代的沉渣,但其基本精神一直凝聚在人们的道德观念中,至今在民间的习武群体中发生着影响,这也是它不断附丽延绵的基本原因所在。

第六章　拳种撷英

　　武术中的拳种，是指由历史上形成并发展至今的、有其自身拳理功法及拳械内容的"一门艺业"者，也是中华武术的生动体现。某种意义上，如果失去了拳种的存在，中华武术将黯然失色。因篇幅所限，文中撷取了其中阐宗祖庭的少林拳、八闽大地的南少林、以静制动的浙东内家拳和文功武技的干支梅花拳进行介绍，以期对于传统拳种的历史文化窥得一斑。

第一节　禅宗祖庭

少林寺【图6-1】，一座嵩山山麓的千年古刹，它不仅作为"禅宗祖庭"而享誉佛教，同时，作为"武中道场"在海内外声名远播，逐步成为中华武术最具影响的文化名片。对于少林武术，人们有着多种称谓，或曰少林拳，或曰少林武功，近年又有人称其为"少林功夫"。其中，"少林武术"一词用得最为普遍。

图6-1　少林寺

一 历史缘起

少林武术缘起于何时？长期以来人们的看法并不一致，归纳起来大致有三种观点：

（一）南北朝说

地处嵩岳少室山的少林寺，系太和十九年（495）北魏孝文帝为天竺高僧跋陀所建，稍后，应世传印度高僧达摩驻锡此寺，故少林寺被历代丛林奉为"禅宗祖庭"而梵音不绝。大概由于这一原因，长期以来许多武术论著，把达摩奉为少林武术鼻祖而大加渲染。可以说，达摩传拳是少林武术南北朝说的核心内容。

达摩为南天竺人（一说波斯国人），种姓婆罗门，约于公元 5 世纪 70 年代来中国，首先到达南朝刘宋境内的南越（今广州），随后北渡长江至北魏，在洛阳见永宁寺"金盘炫目，光照云表，宝铎含风，响出天外"，而传达摩衣钵的慧可，在其 40 岁时"遇天竺沙门菩提达摩游化嵩洛"（道宣《续高僧传》卷十六）。由此可知，达摩北上后大致在洛阳、嵩山一带传法，至于他是否驻锡少林，早期的史书上并无明确记载。然而，达摩的事迹到了唐后期开始有了较大演化，不仅在唐贞元十七年（801）智炬的《宝林传》和唐光化年间（898—900）玄律的《圣胄集》中言之凿凿记曰达摩"寓止嵩山少林寺"，到了宋人道元编的《景德传灯录》和普济的《五灯会元》等书中，则

图 6-2 达摩一苇渡江图

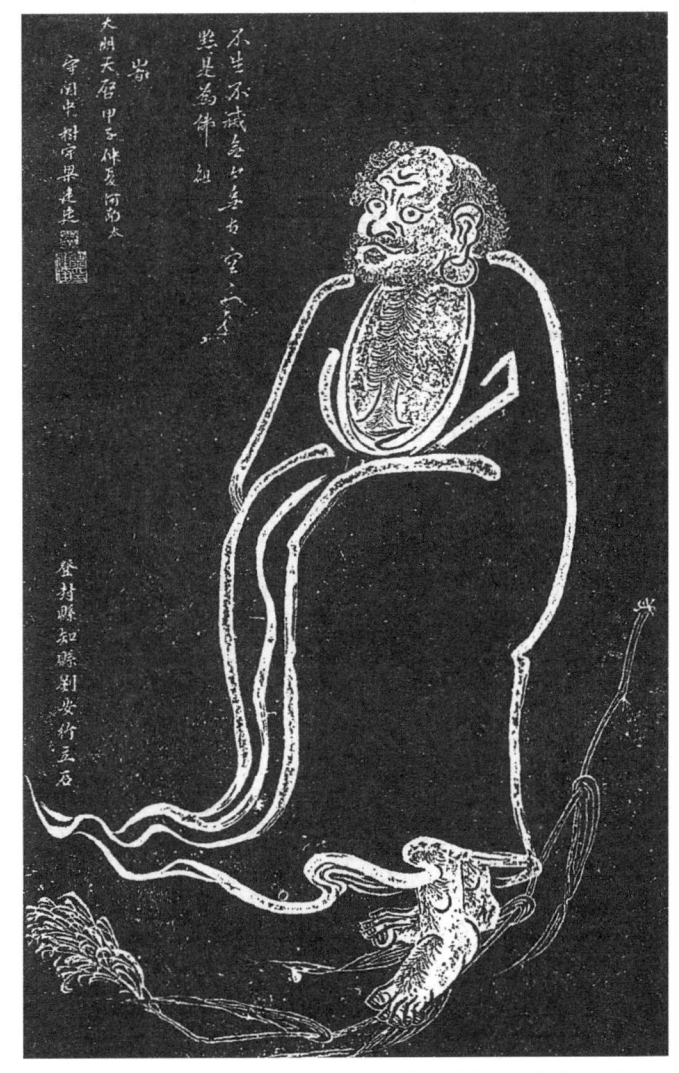

在原来的基础上进一步演绎出了许多故事,如一苇渡江【图 6-2】、面壁九年及只履归西等。凡此种种,陈寅恪先生早年就曾指出:"达摩之说我甚疑之。"不过,达摩所传之禅宗及其传闻故事在民间影响甚为广远,明末方汝浩(清溪道人)

 武术

编著了"描写人群,发明因果"的《达摩祖师传》一书。然而,至此为止,在各种传闻故事中尚无半点达摩与少林武术有关的内容。

达摩传武于少林寺之事,极可能滥觞于在民间具有广泛影响的《易筋经》。《易筋经》原是部杂糅传统导引及武术功法等为一体的书。关于该书的作者与年代,书中称是南北朝的达摩。对此,自清乾嘉以来的不少学者质疑,乃至否定。但是,在习惯于将传闻故事历史化的民间,则将其作为"达摩传武少林"的重要文献依据。清末,又有《少林宗法》和《少林拳术秘诀》等书问世,进一步把达摩传武少林的故事具体化,言其因见众徒"精神萎靡,筋肉衰惫",故而传下罗汉十八手。民国时期,此类故事则成为一些武术论著所抄袭的"蓝本",尤其是1919年出版的郭希汾所著之《中国体育史》,不仅不加考证地将达摩传罗汉十八手故事全部抄录,并步《秘诀》等书后尘,竟称"其所创十八罗汉手,即为后世少林拳之滥觞"。加上当时以达摩和少林为名的各种武术功法、套路充塞社会,不少凿空之谈不绝于耳,因而造成了达摩传武少林的不易之论,即便在科学昌明的今天,依然有个别人士对此深信不疑。

在少林武术南北朝说中,另一有个观点也应提到。以往不少有关少林武术史论著中,往往把唐人张鷟《朝野佥载》及北宋《太平广记》所记

述的北齐稠禅师"其拳捷骁武劲"视为少林寺南北朝时期的习武活动之证,从而推断出"少林的武功发端于建寺之初"。但史料中所记稠禅师当年习武的寺院并非少林寺,而是邺城(今河南安阳)的定晋禅院,其入少林寺是在33岁之后。

综上所述,南北朝时的少林寺,至今未见其确凿的习武资料。事实上,无论是所谓的"达摩传拳少林"还是"僧稠习武少林",均缺乏史料佐证,经不起历史学的分析。

(二)隋唐说

少林武术源自隋唐之际,是民间较为普遍的认识。少林武术隋唐说的根据主要有二:1. 隋朝末年,农民起义军攻打少林时,"僧徒拒之",从而推导出当时的少林僧徒已有习武活动;2. 唐初,以昙宗、志操、惠玚等为首的十三位少林寺僧能"早识妙因,克建嘉猷",帮助李世民抗击王世充,并擒捉了其侄子王仁则,为新建的唐王朝立下了战功,故而得到了李世民的褒奖。然而,事实是否如此呢?

首先,隋末少林寺僧抗拒农民军根本不能作为演绎少林僧徒已开展习武活动的证据。因为,一般说抗拒外来势力对自己生活环境包括人身安全的侵犯,应是人类社会活动的一种本能反应。有学者指出,人一旦遭到攻击,便面临危险,"于是也就习惯了随时准备攻击和对抗,形成了暴力

攻击的行为模式"。当时，少林僧徒的抗拒，也正是这种本能反应，焉能视为习武之证。另外，他们对于"群盗攻剽，无限真俗"的攻掠所进行的抗拒几乎无效，史料中称其"贼遂纵火焚塔院，院中众宇倏焉同灭"，仅寺中的"赡言灵塔"得以"岿然独存"，如裴漼的《少林寺碑》所说那样，全靠"山祇福护，神力所及"。

关于唐初少林僧人助唐参战，至今少林寺内保存的一块《皇唐嵩岳少林寺碑》默默地向世人叙说着当年"太宗文皇帝，龙跃太原，军次广武"时，王世充"拥兵洛邑，将图梵宫"，故志操、惠玚、昙宗等少林僧徒于武德四年（621）"辩讴歌之有属，率众以拒伪师，抗表以明大顺。执充侄仁则，以归本朝"之事。为此，唐王李世民特下书褒奖，宠赐地碾，诸如《皇唐嵩岳少林寺碑》背后刻录的《少林寺牒》里，清楚地记载了十三位立功者的姓名，以及众僧辞官还寺的义举。但以上材料丝毫描绘不出唐初少林寺已开习武之风的历史画面。隋唐之际有关少林寺的各类记载不少，但至今为止尚未发现一条反映少林僧徒的习武资料，我们不能在逻辑上因某人参加了一次军事活动，便可得出该人习武的结论来。时下一些论著中所谓的唐代少林"武僧""棍僧"云云，其实是将明代才有的词汇套用到了唐代，唐代史料中根本无此称谓。诚如有人撰文指出，少林僧人

"他们的武功如何,都没有任何资料可为凭据,我们所知道的神话都是后人的想象"。

(三)元明说

明代是古代武术发展的一个繁盛期。在这个大环境下,自唐初至元末鲜有习武记述的少林寺终于开始与武结缘,人们常说的少林武术(或曰少林武功)也得以扬花吐艳。从各种记载来看,少林武术早先名于天下的是棍术。戚继光的《纪效新书·拳经捷要篇》在提及古今拳家中列有少林寺之棍,称其为"今之有名者"。其他如何良臣的《阵纪》、赵光裕的《武经标题正义注释》等书,都对少林棍法有过介绍,尤其明后期,更是出现了"棍宗于少林"之说,时人之推崇,可见一斑。值得注意的是,人们在追溯少林棍法源流时,往往会提及元至正年间(1341—1368)一位"蓬头裸背"在少林寺"厨中作务"的紧那罗王【图6-3】。据说此僧在元末红巾军行劫少林时持棍独立高峰,惊退红巾军,从此少林寺内"演其技不绝",这位紧那罗王也被后人尊为"少林显武第一人"。但从史实来看,紧那罗惊退红巾军乃无稽之谈,当时的《嵩岩俊公碑》中记载,红巾军攻打少林寺,众僧徒尚惶惧欲蔽,犹如鸟兽散,"兹寺失守,乃避兵于汶水之中林","殿中佛像,则刮金破背",何来什么"红巾军自相辟易而退",但似乎在若明若暗地向人们透露出少林武术的肇始。

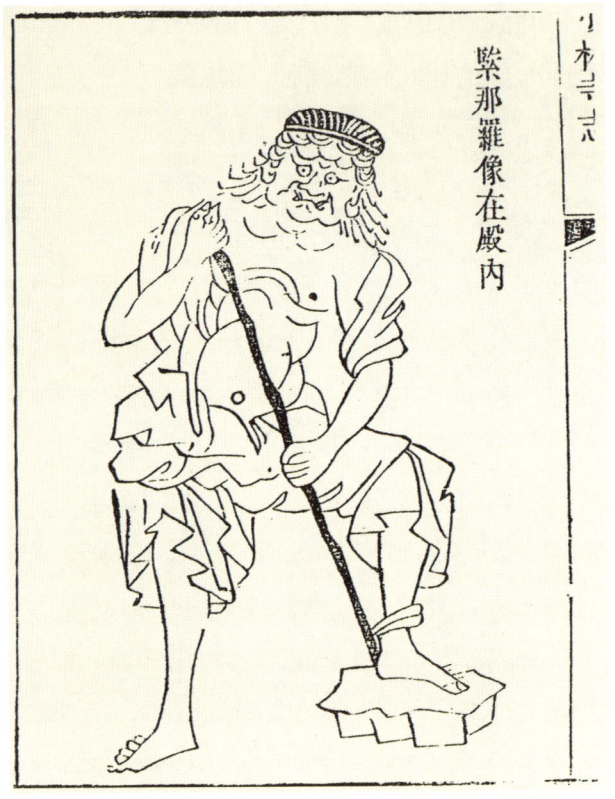

图6-3 乾隆版《少林寺志》中的紧那罗王像

那么,少林寺的习武风习究竟始于何时?由于资料的阙佚,暂时难以做出一个绝对年代的回答。然而,依据明人笔记及少林寺内现存的碑文可以确定,不晚于明正德初期,少林寺内的习武活动已成规模,并以勇武而闻名。明正德八年(1513)都穆的《游嵩山记》中曰:"少林僧至今以勇武闻,则其所从来远矣",另一块万历年间所立的《钦差督理粮储带官分守河南道左参府批示碑》云:"刘贼、王堂及倭寇并师尚昭等倡乱,本寺武僧屡经调遣，奋勇杀贼，多著死功。"这里的"刘贼"，即正德六年（1511）河北刘六、刘七农民起义军。这些材料清楚地告诉我们，不晚于明正德之际，少林寺内已出现武僧，并时常被官府征调为僧兵。也就是从元末红巾军攻打少林至明正德初期的将近一百多年时间里，少林寺逐步形成了从开始习武到武风兴盛的历史发展变迁，这也就是都穆当时所谓的"其所从来远矣"。只是由于史料问题，我们无法作出进一步的详细描述。

明中期的少林武术除"今之有名者"的棍术外，其拳技亦已向社会传播，并得到了许多人士的推崇。如唐顺之在《峨嵋道人拳歌》中云："浮屠善幻多技能，少林拳法世罕有"。万历年间学者谢肇淛《五杂俎》中亦称"河南少林寺拳法天下所无，其僧游方者皆敌数十人"，赵光裕的《武经标题正义注释》则录有少林（文中记作"邵陵"）拳歌。明末，少林拳法更是"勇名天下"，被视为外家拳派之代表。此外，文献史料中还记述了明代的少林寺除拳棍外兼习剑、鞭、戟、刀、枪等多种武术器械，基本上形成了一个内容丰富、形式多样的习武格局，并为海内所敬崇。毫无疑问，这些应该是古代少林武术发展、成熟的一个显著标志。

二 社会活动

不晚于明后期，社会上已有"夫今之武艺，

 武术

天下莫不让少林"之美誉。那么是什么原因使少林武术在众家技艺中声名鹊起呢？依据材料可知，少林武名享誉武林除了其技艺外，更大程度上应与当时少林武僧听从明王朝调遣致力于"护国克敌""保邦靖世"的具体社会活动密切相关。这类活动归纳起来大致有三类：

一是镇守边关。如少林塔林中的"三奇友公和尚塔"，其铭文中的"友公"，即是少林武术史料中提到的第一位武技高强、战功卓著的僧兵——周友。明正德年间，他曾"蒙钦取宣调"，镇守山陕等地关隘，得到朝廷褒奖。

二是平乱抗倭。如明正德五年（1510），以刘六、刘七为首的农民军在河北的霸州发动起义，不出几月，声势大震，他们转战于河北、山东、河南等地，给明朝廷以沉重打击，统治者为此不得不四处调兵，将起义镇压下去。少林僧兵就参加了这次军事行动。抗击倭寇，更是少林武术扬威天下的一个直接契机。明代倭患早在洪武、永乐之时已见端倪，但以嘉靖、隆庆年间的倭患最为猖獗，强烈地震撼了明王朝腐朽统治下的中国东南沿海。入侵者凭借着制作精良的日本刀及奇诈诡秘的刀法，致使武备松弛的明朝卫所军队难以应敌，于是只得征调各地乡兵，少林僧兵就是其中一支最为骁勇的武装力量。在血与火的洗礼中，少林武僧手持铁棍骁勇善战，因为武艺高

强,故往往冲在前面。面对着"电掣风翻、旋转格杀"的倭寇们,少林武僧毫无惧色,运使铁棍"便捷如竹杖"。李绍文在《云间杂志》中,十分形象地描述了少林武僧月空与敌格杀时的情景:"身忽跃起,从贼顶过,以铁棍击碎贼首,于是诸贼气沮",打出了少林武功的威风,尤其在嘉靖三十二年(1553)六月初十的一次战斗中,他们以不足八十人的队伍痛歼倭贼百余人,而仅有四位僧人受伤,这也从一个侧面反映了少林武僧的精湛武技。然而,少林僧兵毕竟不是一支受过严格训练的军队,战场上的胜利也滋长了他们骄敌、轻敌的思想。有一次在不了解敌情的情况下贸然追击,由于孤军作战,加上不识地理环境,陷入倭寇埋伏,全部战死疆场。在民族安危之际,少林僧兵们用自己的生命践诺着护国御敌的强烈世俗情怀。正是这种爱国精神,赢得了人们的赞同,顾炎武在他的《日知录》中给予了"能执干戈以捍疆场,则不得以其髡徒而外之"的评价。

三是训练兵士。训练兵士尽管并非少林僧人直接参与沙场征伐,但对提高明王朝军队的作战能力有着积极意义,同样显示了其保邦靖世的价值主旨。如崇祯时,陕州知州史记言因盗贼蜂起,他"出私财募士,聘少室僧训练之",《明史·史记言传》对少室僧训练的结果有记载,"(崇祯)八年(1635)冬十一月,流贼犯陕。记言御之,

斩数十级,生擒二十余人。"

明代少林僧兵这种对外御敌护国、对内维护统治的入世行为,得到了官府的褒奖,同时也得到了社会士人的高度赞赏,诸如程绍、顾炎武等人纷纷留下了脍炙人口的诗篇,尤其顾炎武"寄语惠玚流,勉待秦王至"的吟哦中,寄托了这位遗民对故国明月的深切期望。不难想象,在普通百姓"每每拿绅士的思想作为自己的思想"的社会中,主流文化的这种赞赏评价对一般民众会产生相当大的文化影响!

三 社会特征

"保邦靖世"是明代少林武术活动的最主要价值体现,但是17世纪中叶王权易位,使得入清后的少林武术其社会价值发生了很大变异,以致在汗牛充栋的清代史料中,至今未发现一条有关少林寺僧重复昔日"疆场有艰虞,遣之捍王事"的记载。有时个别地方官员的冒失行为还遭到了最高统治者的严令申斥。如乾隆四十年(1775),刚刚调任河南巡抚的徐绩曾招请几个少林僧人前往兵营教习枪法,乾隆帝知晓后极为震怒,特下谕曰:"僧人既经出家,即应恪守清规,以柔和忍辱为主,岂容习为击刺,好勇逞强?有地方之责者闻之,当设法潜移默化,何可转行招致传授,令售其技乎?且以僧人教习营兵,既属非体,且使人传为笑谈。徐绩何不晓事若此?着传旨申饬!"材料虽属典型，但颇能说明问题。从朝廷的政治倚重中游离出来，复杂的各种社会矛盾激荡使少林武术进一步依托于广袤民间，由此获得自身的发展动力，这是少林武术明清之际的一个重大转折。

清初，经过了战乱劫火的少林寺有所复苏，康熙四十三年（1704），康熙帝为少林寺御书了"少林寺"和"宝树芳莲"两块匾额，雍正十三年（1735），朝廷又下旨全面整修少林寺。但是，在雍正帝给当时具体负责该工程官员的上谕中，再也看不到前朝那些"文武并用""护国克敌"等褒奖之辞，而是申斥防范之意溢于字里行间："向来直省房头僧人，类多不守清规，妄行生事，为释门败种。今少林寺既行修建，成一丛林，即不应令此等房头散处寺外，难以稽查管束。"（叶封《少林寺志·艺林》）时隔数年，在乾隆皇帝的一份朱批奏折中可以清楚地看到，少林寺纠众习武的"越轨"行为已公开化，并与"奸宄百出"民间结社暗地来往："更豫省少壮之民，习于强悍，多学拳棒。如少林僧徒，向以教习拳棒为名，聚集无赖。凶狠不法之辈效尤成风，邪教之人，专意诱骗此等入伙，以张羽翼。稍怀私忿，即令角斗，逞其刚暴，何所不为？"至嘉庆年间，地方官府曾奉旨派员到少林寺"查缉逆犯"，并特地立碑，警告少林僧徒"务须安分焚修，不得容留外来游匪在寺……毋得违误自贻！"统治当局的认定及防范并非无中生有，有资料表明，雍、乾、嘉时一些被朝廷通缉的教门人员确与少林寺来往甚密。对此，嘉庆年间河南巡抚方受畴的分析是中肯的，"少林寺系在河南府，属登封县境、嵩山之麓，地方荒僻，易于藏匿。……如有气类相通、平素熟悉之人，自必容留窝住。""气类相通、平素熟悉"八字，扼要点出了这时期少林寺的社会走向。

从文化学的角度看，如果说明代"今之武艺，天下莫不让少林"，显露的是当时人们对少林武技的赞许和推崇，而清代继而出现的"今人谈武艺，辄曰：'从少林寺出来'"，则隐喻着少林武术不但得到社会普遍认同，更反映出发展至清代的少林武术已成为一种文化符号，少林寺乃为民间所信奉的习武圣地【图6-4】。

图6-4 少林寺白衣殿习武图

第二节　闽中少林

"福建少林寺"长期来在海内外（尤其是习武群体中）有着广泛而深远的影响，已成为一种具有强烈文化认同的集体记忆。由于福建地处南方，故相对于北方的嵩山少林寺，人们习惯上又称福建少林寺为南少林。

一百多年前，辛亥革命时期的革命党人陶成章在《教会源流考》中说："福建亦有少林寺，以搏拳称……然与河南之少林不同"。另外，近代以来在广大习武者中间产生了极大影响的《少林拳术秘诀》第十二章中也言之凿凿记载："国内有两少林，一在中州，一在闽中。"可见，"北有嵩山少林，南有福建少林"在当时已成为一种社会普遍认识。20世纪八九十年代，福建的泉州、莆田和福清等地，纷纷通过媒体声称找到了传闻中的南少林，"八闽何处南少林"一度成为社会关注的文化热点。然而，不管是泉州南少林说还是莆田南少林说，抑或福清南少林说，都缺乏确凿的材料。事实上，福建少林的出现与清代会党组织天地会有着无法割舍的关系。

一 天地会与少林寺

天地会【图6-5】又名洪门，是历史上一个影响深远且武风甚炽的民间秘密会党组织，曾在清代历史上有过巨大影响。据档案史料，天地会始创于清前期的福建漳浦，在其创始与发展中，既烙有鲜明的习武印记，如推选头领的原则之一是"论武艺，不论年纪"。天地会的习武风气在

图6-5 天地会创立遗址——观音亭

历史上绵延了很长时间，它为该组织的凝聚和发展开辟了道路，即使到了近代以后，有些洪门组织依然把习练武术作为对其成员进行"基本教育"的内容之一。天地会的武术活动在其后的中国武术史上产生了多方面的影响，如洪拳、五祖拳名的出现，莫不与此有关，民国时期唐豪在考证《少林宗法》时明确指出，其附编《拳谱》"就是天地会所传的洪拳"。

有清一代，因朝廷对民间结社活动严厉防范、打击，故而天地会的活动相当隐秘，其流传下来的直接材料也非常有限。然而，我们通过现存的天地会内部秘籍，仍可发现一个饶有趣味的现象，即该组织的缘起及其习武活动与少林寺有着千丝万缕的联系，主要反映在两个方面：一是不少《会簿》中详略不一地记载了清康熙年间少林僧征西鲁的故事；二是在内部文件的一些诗句、问答中清楚地表现出了对少林寺和少林武术的推崇，并将其洪门内的洪拳起源依托于少林。如"禀进辞"中有句曰："三钟五鼓振乾坤，少林寺内响如云。此鼓此钟天地振，留来他日转明君"；又，"先锋对答"中有句曰："问：'尔有何本领敢来投军？'答：'我有十八般武艺件件皆能，文武全材。'问：'尔文从何师所教？武从何处所学。'答：'文从洪花亭先生所教，武从少林寺所学。'……问：'学乜（音 mie，粤语方言，

"什么"之义）件为先？'答：'洪拳为先。'问：'有何为证？'答：'有诗为证：勇猛洪拳四海扬，出在少林寺内传。普天之下归姓洪，得来日后扶明主'"；又，其《洪拳诗》曰："武艺出在少林中，洪门事务我精通。洪拳能破西鞑子，万载名标第一功"等，这些都是天地会材料中常见的词句。类似这样的诗句至今在武术界内仍有流传。据20世纪80年代上报中国武术研究院的有关洪拳资料中，也有"英雄洪拳出少林"，"要知此拳名和姓，太祖洪拳出少林"等句，两者之间显然有其历史的沿承关系。

二　西鲁故事

《会簿》是天地会的秘籍，也是该会维系纪律、彼此联络和传徒结会发展组织之用的凭证。不同时期的《会簿》本子内容并不完全一致，但其文化主旨及主要内容（包括西鲁故事、诗歌、对联和问答等）则基本一致。尤其是其中详略不一的少林僧征西鲁故事，更是"会簿的核心部件"，也是我们寻觅福建南少林源头的一个关键点。

少林寺僧征西鲁的故事大意是：康熙年间，有西鲁番入侵，朝廷不能抵抗，于是发榜招集天下英雄。少林僧揭榜应招，不用清军一兵一将，打败西鲁得胜回朝,但他们谢绝康熙皇帝的封赏，仍归少林寺诵经清修。稍后，有人诬告少林僧徒图谋不轨，朝廷不辨奸忠，派兵将少林焚毁，众僧大多惨死，仅逃出蔡德忠等五人，与万云龙等相遇，歃血结盟，蔡等五人即天地会内尊称的"洪门五祖"。除此之外，天地会还把少林寺被焚、众僧冤杀之事编入其内部流传的一些诗句及问答中，如"金来父子立花亭，因为少林火灭倾。清君无道荆棘种，故结洪英复大明"；又如，"少林冤恨何时了，长沙湾口雪凌飘。苍松上有洪莺叫，声声啼叫灭清朝"等，以此激发会众对清廷的仇恨。事实上，查遍清代史料，绝无少林僧被朝廷征用出战之事，这也是少林武术活动在明清两代的根本差异点之一；还有，清前期的康、雍、乾三朝也从无少林寺被朝廷焚毁的记录。因此，天地会内部诗句中"道袍血染泪痕飘，事因西鲁起根苗……少林千古山门灭，暗下奔逃至南寮"云云，均得不到任何史料的证实。通过不同时期《会簿》梳理可以清楚地看到，所谓"西鲁"故事本身就有一个从无到有并逐渐形成、发展的过程。虽"于史无征"，但清楚地表露了封建社会下层民间中那种长期受通俗小说和戏曲文化熏陶养成的"不用文章朝圣主，全凭武艺见君王"的行侠仗义精神世界，以及对现实社会中忠义之士反遭陷害的极大愤懑。

三 南少林

以征西鲁、歃血结盟为线索的南少林是个

图 6-6 福建云霄高溪庙

故事,不过,该故事积淀着特定历史条件下的多层文化因素,所以其形成也有一定的历史印迹可寻。

(一)"少林寺修身和尚"与高溪庙

福建云霄的高溪庙【图6-6】,是许多天地会文件中屡屡提及的神圣之地,乾隆二十六年(1761),云霄(时属漳浦)的僧人万提喜首倡天地会于此。云霄县城以东的东厦乡高溪村蜿蜒起伏的丘岗上,建有两座高溪庙:一座因供奉唐代开漳圣王陈元光,故又称"灵王庙",俗称高溪顶庙;其下约400米处,又有一座高溪观音亭，俗称高溪下庙。由于两庙相距不远，所以当地人往往统称为高溪庙。两座高溪庙临河朝海，其地理位置与洪门诗句中描述的"地镇高岗，一派江山千古秀；门朝大海，三河合水万古流"十分吻合。

万提喜是天地会首倡者的说法得到了清档材料的支持。时任闽浙总督伍拉纳在奏折中明确写道："查天地会节经查明起于（万）提喜，该犯俗名郑开，僧名提喜，又名涂喜，又号洪二和尚"，洪二和尚也就是有些洪门秘籍中提及的万云龙，广西田林本《会簿》中记载万提喜原为高溪庙长老，"道号云龙……有万夫不挡之勇"，少林寺劫余五僧（即洪门五祖），"同拜云龙为师"。有史料及传言说明，万提喜（云龙）是位擅武之人，《近代秘密社会史料》所绘提喜图像就是位手持长棍者。那么创始于云霄高溪的天地会如何与少林发生联系的呢？这应与当时天地会习武及"今人谈武艺，辄曰：'从少林寺出来'"有关，正是在此基础上，构建出了其内部的少林圣殿。此论可得到天地会文献资料的佐证。嘉庆二年（1797）的天地会"传会花帖"中记述了万提喜是"甘肃省城（成）都太平府太平寨少林寺修身和尚"，民间传言提喜和尚体格魁梧，武功极好，擅长少林拳中的虎拳，在提喜出生地高塘村和高溪村流传至今，而虎拳正是尊吾斋主人所著《少林拳术秘诀》中的"五拳"之一。这为我们了解福建南少林历史文化成因，提供了相当重要的路径。

（二）"受职长林寺"与"受职少林寺"

漳浦地区的长林寺是一些天地会文件中时常提及的集聚结盟地方。该地区的长林寺共有二座：一座位于漳州诏安县官陂镇长林村的乌山上，现已废弃；另外，云霄高溪村观音亭后面的粪箕湖旁也有一座长林禅寺，当地人称其即是秘密少林寺，该寺亦早已废弃。称云霄高溪村有长（少）林寺，恐怕并非空穴来风。清道光年间，广西田林本的《会簿》中记载，天地会创会人物"少林寺修身和尚"万提喜死后墓碑上所刻的前五字即为"受职张（长）析（林）寿（寺）"。诏安官陂镇的长林寺为南明道宗所建。道宗，在一些天地会文件中又写成"达宗"，并与少林寺有密切关系。贵县修志局本《反清复明根苗第一》中说，劫余五僧"走至长林寺借宿"，遇僧长万云龙，拜其为大哥，这位万云龙号慈光，字达宗。那么他与上面记述的提喜万云龙是否为同一人呢？萧一山《近代秘密社会史料》辑录的伦敦不列颠博物院藏本《会簿》中有两幅人像：一人像手持长棍，上题"万大哥名持（提）喜，法号云龙禅师"；另一人像则手舞双棍，上题"万云龙，法名和满"。可见，天地会内部并非将两位"万云龙"视同一人。关于达宗万云龙，《西鲁序》中介绍"乃本处（浙江省）太昌府扶婆县人氏……手用双龙棍"。然浙江境内，并无"太昌府扶婆县"之地名，他的籍贯其实是福建漳州，幼年出家，师承临济宗，民间传说"达宗活到89岁，在云霄传过功夫"。但《反清复明根苗第一》记载，达宗与少林五僧结盟后在一次与清军作战中阵亡，众人将其安葬立碑，"碑上有十六字，共成四十八点，每字有三点为例。"此十六字，即不少天地会材料中所述的"受职长林寺开山第一支达宗公和尚塔"（此十六字在洪门秘籍中均加有"氵"）。达宗与五祖结盟后又战死的经历，与田林本中的万提喜毫无二致，充分反映出这两人形象上的高度重合性。

更值得注意的是，有些材料将达宗碑文中的"受职长林寺"改为"受职少林寺"。如，萧一山《近代秘密社会史料》卷一的"庚辛碑"图一和卷五中作如是记；荷兰人施列格1863年作"序"的《天地会研究》中也同样是"受职少林寺，开山齐（第）一也"。再如，有的天地会诗句中明言"灵王庙内洪家佛，始建少林是达宗"。从"受职长林寺"到"受职少林寺"以及"始建少林是达宗"，从一个侧面隐约反映了一个南少林文化符号的形成。

（三）"南少林之誉"之九座寺及苦菜寺

九座寺原名太平禅院，位于福建莆田仙游县

 武术

图 6-7 莆田仙游九座寺

西北的九座山（也称凤山），因山名"九座"，故其寺又名九座寺【图 6-7】，建寺者为仙游度尾留坡的智广禅师。据清刻《开科禅师语录》及嘉庆十五年（1810）抄本《正源》等史料所记：智广十八岁时在福州出家，唐文宗开成二年（837）即三十一岁时"旋往蒿（嵩）山，受持戒法"，唐宣宗大中六年（852）移居乡里，"唐懿宗咸通六年（865），开山九座山太平禅院……广传临济正宗。门叶繁荣，五百余众"，为此，历史上留下了"南少林"之誉，该寺至今尚存。

图 6-8 苦菜寺

苦菜寺【图 6-8】是座与九座山太平禅院有着直接法脉关系的寺院，位于漳州东山岛龙潭山南麓，历奉太平禅院为祖庭，至今在太平禅院内挂有苦菜寺相赠的"匝地莲声"匾额。据《正源》记载，明天顺六年（1462），有位名叫雪熙贤的禅师"劫逃南下"，居于东山龙潭山麓"潜修苦行"，明成化三年（1467）邑人赞其德而施舍捐银，拓建苦菜寺，一时"戒律精严，文武同修，结文绅名士，论诗书礼乐。宗风丕振，二百余众，兴少室而条（叶）昌"。此为该寺起源。清康熙三

年（1664）诏命"迁界"，清军摧城焚居，苦菜寺毁于兵燹。康熙二十一年（1682），清政府下令"复界"的第三年，原苦菜寺的本源禅师择地兴建古来寺，并奉苦菜寺开山僧雪熙贤为传灯师祖。

东山地属漳州辖区，毗邻云霄、诏安，为清代天地会的活动重地。有关古来寺与天地会的关系，除民间口碑外，文本资料主要见于一份嘉庆十五年（1810）的抄件，原抄件无题名，故用扉页中"正源"作名。值得注意的是，文中有这样一段文字："智广上人，唐懿宗咸通六年（865）开山九座山太平禅院……广传临济正宗。门叶繁荣，五百余众，称南少（林）之誉。……明天顺六年（1462），明雪熙贤禅师劫逃南下，时居龙潭山间云坞石室。著忍辱铠，卧无畏床，潜修苦行。……募缘拓建苦菜寺，戒律精严，文武同修，结文绅名士，论诗书礼乐。宗风丕振，二百余众，兴少室而条（叶）昌。"依其文义，所谓"南少林之誉"，显然指唐懿宗咸通六年（865）由智广上人开建的九座山太平禅院，当然，九座寺有"南少林之誉"，显然是后人的褒称，并非具体的寺址概念。智广师承临济宗，这也是后人之所以称其有"南少林之誉"的历史缘由。不过从资料记述的内容看，九座寺的"南少林"并无任何武术活动，直到明代雪熙贤所建的苦菜寺，才出现了

"戒律精严，文武同修"的景况。"戒律精严，文武同修"，与"颇闻经律余，多亦谙武艺"的嵩山少林宗风，十分相符。

可见，南少林的形成是一个多文化作用下的合力过程：其中既有唐代以来少林文化的历史积淀，也有受明清时期少林武名的深刻影响，再有就是天地会内部集会、习武的自身需要等，最终使其凝聚为一种铭刻于心的集体记忆。。

四 余音不绝

以天地会《会簿》为蓝本的南少林故事，对激励其内部成员的反抗斗志，推动武术活动的开展，以及丰富武术文化内容，产生了多方面重要作用。

（一）对于南少林概念形成的影响

尽管天地会的南少林征西鲁的故事"史无明文，虚拟可知"，但由此演绎的少林被焚、众僧冤杀、继而逃出五祖聚众结会的情节梗概，通过天地会所传的四处传会及其发展，最终成为会党组织挥之不去的文化"情结"，积淀成一座武术文化与会党文化语境中的南少林。这一南少林，不是一个具有确切地址的实指概念，而是在一定历史条件下，因天地会的结会、习武活动的不断发展而逐步形成，进而"润物细无声"地在民间产生了极为广泛而深远的影响，最终成为少林武术文化构成中的一个重要单元。目前福建、台湾

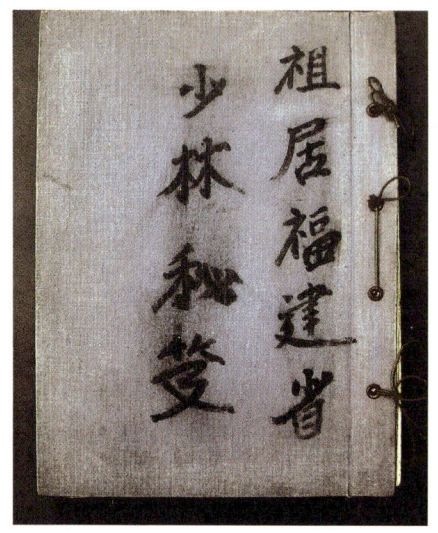

图6-9《祖居福建省少林秘笈》

等地民间传抄的许多拳谱、秘籍都称出自少林寺,就是一个明显的例证。【图6-9】

滥觞于天地会《会簿》的少林僧征西鲁故事,不仅演绎出了一个武术文化与会党文化语境中的福建南少林,同时也导致了稍后南少林拳名的出现。清末流传于闽粤一带的《少林宗法》及民国初期刊印的《少林拳法秘诀》,即完全受《洪门拳谱》和洪门传说影响。另外,由于南少林的影响,不少拳种除了把自己的历史起源尽量与南少林相联系外,还纷纷直接冠以"少林"之名。如南方拳种中的"少林地犬术""少林洪拳""少林五祖拳"、"少林罗汉拳"等,均言出自福建南少林,足见天地会的南少林故事对氤氲八闽地方武术文化的重要作用了。

（二）对于地方拳种的影响

天地会洪门组织的习武活动及其传闻故事，对当时一些地方拳种的出现同样起到了文化上的滋养作用。

洪拳，是我国南方地区的主要拳种之一。有关记载最早见于天地会内部的诗句中，如《洪拳诗》云："武艺出在少林中，洪门事务我精通。洪拳能破西鞑子，万载名标第一功"。随着洪门组织的日益发展，洪拳也随之传播，并同时受到其他地方拳种的滋养而形成不同的拳种流派。如广东、湖南等地称作洪拳，湖北称为洪门手，四川则叫水洪门，山西一地又名太谷洪拳。从这些地方流传的一些有关拳谱和口碑材料看，则大都称"洪拳源于南少林"。

五祖故事是南少林传闻中的最重要组成部分。少林征西鲁故事中少林寺院被焚逃出五僧，他们建立了五房，分赴各地纠众结会，此五僧即为南少林的五祖。传说中五祖的姓名分别是长房蔡德忠、二房方大洪、三房马超兴、四房胡德弟、五房李色开，而这五人的名字与传说和福建地方所流传的五祖拳开创者的故事和姓名完全一样。近人尤凤标的《中华柔术大全·序》中记载，咸丰年间蔡玉鸣"曩以弓马游伴，兼通五祖拳法"。依此，清嘉道之际五祖拳已流行闽省。大概是受五祖故事的深刻影响，福建地方还有些拳种也在原来的拳名前加上"五祖"两字，如"五祖鹤阳拳""五祖白鹤拳"及"五祖梅花拳"等，从一个方面反映出南少林五祖传说对南方传统武术的浸润作用。

（三）对于"少林戒约"的影响

近年来，有不少论著在谈到少林武德时，往往将脱胎于洪门传说的《少林拳法秘诀》中的"十戒约"作为嵩山少林寺历史上的真实材料，少林寺网站也把"十戒约"收录其中，公布于世。然而，被少林寺认同的"少林戒约"并非肇始少林，而实际是由天地会中的三十六誓演化而来。

如少林戒约中说："平日对待师长，宜敬谨将事，勿得有违抗及傲慢之行为"，而三十六誓中则要求"自入洪门后"，"件件事情须要存勤谨，凡事不得相争"；又，少林戒约曰："不得恃强凌弱，任兴妄为"，而三十六誓曰："洪家兄弟不得恃强凌弱，争亲占戚"；少林戒约云："女色男风，犯之必遭天谴，亦为佛门之所难容"，三十六誓云："自入洪门之后，即铭切莫贪淫，淫辱奸拐"；少林戒约曰："如系同派……（须）彼此相知，当互为援助，以示同道之谊"，三十六誓云："自入洪门之后……须要铜肝铁胆，手足相顾，患难相扶，疾病相待"。在少林第二时代之戒约中，其第一条写道："肄习少林技击者，必须以恢复中国为意志，朝夕勤修，无或稍懈"，会党的反清色彩跃然纸上；而洪门三十六誓第一条，即开宗明义要求自入洪门之后，"但看清朝江山改变，转朝之日，众英雄举起号旗，兴兵同心合胆，夺回明主江山"。两者在语义上如此接近绝非偶然，因为少林戒约本身就是受天地会的三十六誓影响而来，后者是前者的文化母胎。

第三节　内家风流

大约明代中期，中华武坛上"主于搏人"的嵩山少林拳和"以静制动"的浙东内家拳，可谓是古代武术发展的两个里程碑。但是，技术上体现为"以静制动，犯者应手即仆"的浙东内家拳在独领风骚一百五十年后渐行渐远，于明清之际慢慢失去了它的踪影，加上一些传闻故事及近代以来太极拳、八卦掌和形意拳被统称为内家拳后，有关内家拳的历史缘起与拳理技法更显得扑朔迷离，耐人寻味。

一　内家拳

提起内家拳的缘起，人们的目光往往会集中在黄宗羲在清康熙八年（1669）撰写的《王征南墓志铭》上，文曰："少林以拳勇名天下，然主于搏人，人亦得以乘之。有所谓内家拳者，以静制动，犯者应手即仆，故别少林为外家，盖起于宋之张三峰。三峰为武当丹士，徽宗召之，道梗不得进，夜梦元（玄）帝授之拳法，厥明以单丁杀贼百余。三峰之术，百年以后流传于陕西，而王宗为最著。温州陈州同从王宗受之，以此教其乡人，由是流传于温州。嘉靖间，张松溪为最著。松溪之徒三四人，而四明叶继美近泉为之魁，由是流传于四明。四明得近泉之传者为吴昆山、周云泉、单思南、陈贞石、孙继槎，皆各有授受。昆山传李天目、徐岱岳，天目传余波仲、吴七郎、陈茂弘；云泉传卢绍歧；贞石传董扶舆、夏枝溪；继槎传柴玄明、姚石门、僧耳、僧尾，而思南之传则为王征南。"黄宗羲（1610—1695）是明末清初著名思想家，因此，他所记述的这段有关内家拳的起承脉络，无疑对后人产生了极大影响，尤其至近代，诸多武术论著中凡谈及"内家拳"者，无不以此为"引经据典"的历史依据，中国武术史上的"内外家"之说由此而起。其后，一些好事者在基础上将内家拳演绎为"武当派"，缘由张三峰奉诏入朝，"路阻武当，夜梦玄武大帝授以拳法，且以破贼，故名其曰'武当派'，或曰'内家拳'"，并进而将其视同为近代才开始形成的包括太极拳、八卦掌、形意拳在内的内家拳。这样一来，原本云遮雾罩的武当仙师张三峰【图6.10】创太极拳，似乎变得有迹可循了。

《王征南墓志铭》中的张三峰，有些材料中

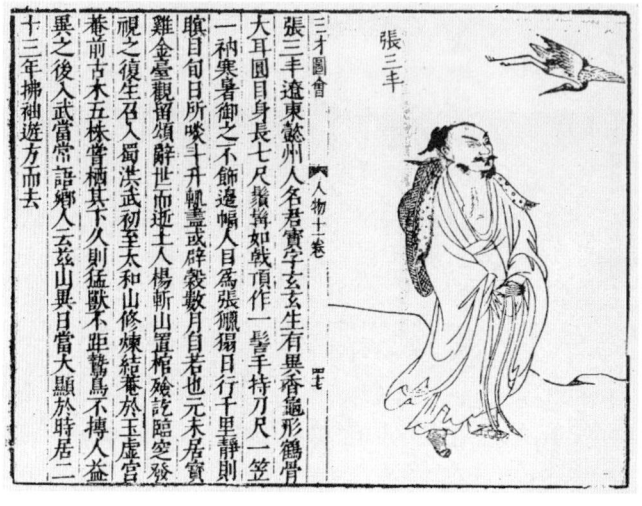

图 6-10《三才图会》中的张三峰像

又作张三丰,明清时的官私文著和方志道籍不乏记载,但其姓氏、籍贯及活动时期多有出入。明洪武二十四年(1391)太祖帝就曾"遣使觅之,不得";到了明成祖时,更推崇其"道德崇高,灵化玄妙,超越万有,冠绝古今","累遣使臣请之,不获"竟达十年之久;天顺二年(1458),明英宗又下旨赐诰张为"通微显化真人",于是乎,张三峰就此成为了一尊既不见首、也难见其尾的道教神像。对于明成祖的"累年恭请",有学者认为其实背后隐藏着成祖本人因追寻建文帝下落而导演的政治喜剧。此后,热闹异常的朝廷访请敕封结束了,但留给社会的影响却是极为深远的,民间一些附会传说也广行于世。关于黄宗羲记述的"张三峰夜梦玄帝授之拳法",在此前的文献中尚未见过,或为乡村市井的传闻故事而已。然而，为什么故事中的传授拳法者是玄帝而不是别人呢？这大概与玄武本身的文化意蕴及明成祖声称"靖难之役"中曾得到过"北极真武玄帝"的帮助有关。玄武，中国古代神话中的北方之神，有勇武之义。孔颖达在《礼记·曲礼》中释"玄武"名曰："玄武名武者，龟有甲，能御侮也。"宋真宗大中祥符五年（1012），因避圣祖赵玄朗讳，改"玄"为"真"。在道教神谱里，威镇北方的玄（真）武大帝被塑造成一位披发、仗剑的神灵形象，并演绎出了种种有关玄武的故事神迹。明成祖的"靖难之役"兵起北京，正好借此表明他的起兵得到了玄武真神的眷顾，希望以奉天承运的"君权神授"来遮掩他起兵夺帝位所面临的道德困境。原来张三峰"夜梦玄帝授之拳法"的故事背后负载着另一段历史隐情——明成祖之"靖难"得到真武玄帝佑助的故事衍化。

民间盛传的"武当派"一说，最早见于清乾隆年间镜湖逸叟陈朗所著的长篇小说《雪月梅》，该书第十六回中曰："武当一派称内家，然终不及于少林外家之妙。"此言有两点值得注意：一是话语中的"武当派"，显然是衍承了黄宗羲等人的"内家"、"外家"而来；其次是反映出对于"武当"与"少林"的不同价值判别。事实上，武林中"北崇少林，南尊武当"的观念形成，缘起黄宗羲等人笔下的张三峰故事传说，中继清代的

小说演绎,最后才形成一个稳定的文化概念而深入人心。

浙东是明清时期内家拳最为集中的传承区域,可谓人才辈出、传承有绪,诸如黄宗羲的《王征南墓志铭》及浙东史学大家万斯同侄子万言的《张松溪传》等,大致记录了明清之际内家拳的传承谱系。然而,据黄宗羲之子黄百家的《王征南先生传》所述,王征南的内家拳技所授者唯百家,但后因百家"降心抑志"转注举业,遂使流传了将近一百五十多年的内家拳技终成千古绝响的"广陵散":"虽然木牛流马,诸葛书中之尺寸详矣,三千年以来,能复用之者谁乎?"(黄宗羲《南雷集·学箕初稿》卷一)民国年间,"内家拳已于清初失传"几成定论,甚至修编地方志的宿儒们连记述于《清史稿·艺术列传》上的王征南是谁都已淡忘,就此而言,此言似不无道理。但是,仅《王征南墓志铭》所记之传承谱系,黄百家一支的张松溪的徒弟除叶继美外尚有数人,至单思南一代,更有吴昆山、周云泉、陈贞石及孙继槎等,特别是吴昆山、孙继槎曾传徒多人,所传诸人是否有后,虽无稽考,但仅凭现有的文献资料及田野调查,足以证明黄百家之后的内家拳依然有所传承。民国时期拳家夏明士曾抄写了一份《剡源夏氏内家拳谱》流传至今,夏明士先生是张松溪另传弟子叶继美一脉夏枝溪的嫡系世传孙，其后人夏宝峰至今继其薪火。当然，作为动态文化的内家拳，其拳理技法和活动样式肯定会在不同的历史时期随不同师承而发生种种演变，这也是中华武术技术发展的一条铁律。

二 拳理技法

拳理技法是任何传统拳种得以形成和存在的重要文化基础，内容上大致包括技术构成、习练要求和拳法特色等。具体记述明清之际内家拳拳理技法的文献，集中见于黄百家1676年所写的《王征南先生传》。

《王征南先生传》中记述的内家拳技术构成、习练要求大致分为四个部分：第一，"应敌打法色名若干"及"所禁犯病法若干"。"应敌打法色名"有"长拳滚斫、分心十字、摆肘逼门、迎风铁扇、弃物投先、推肘捕阴、弯心杵肋"等三十种，从"应敌打法"四字，可见该三十种技法都为"应敌"之技击动作名；"所禁犯病法"有"嫩散、迟缓、歪斜、寒肩、老步、腆胸、直立、软腿、脱肘、戳拳、扭臀、曲腰、开门捉影、双手齐出"等十四种。第二，练手法三十五和练步法十八。练手法有"斫、削、磕、靠、掳、逼、抹、芟、敲、摇、摆、撒"等，练步法如有"碾步、冲步、撤步、曲步、塌步、敛步、坐马步、钓马步、连枝步、仙人步、分身步、翻身步、追步、逼步、斜步、绞花步"等。第三，有关"六路"和"十段锦"的记述，并专门指出，"六路与十段锦多相同处，大约六路练骨，使之能紧，十段锦紧后又使之放开"。由此可见，所谓"六路"与"十段锦"，是两个彼此联系的套路，其习练的旨意，大概就是使身体如《耕余剩技》所说的"伸缩如意，进退便利，临敌可无掣肘之患"。第四，"由博而归约"的习武观。在这方面，文中记王征南语曰：内家拳当由七十二跌（原注：即长拳滚斫、分心十字等打法名色）、三十五拿（原注：即斫、削、磕、靠等）以至十八步（原注：即六路中十八法），由十八而十二（原注：倒、换、搓、挪、滚、脱、牵、绾、跪、坐、挝、拿），由十二而总归之存心于"敬、紧、径、劲、切"五字，而"精于拳者，所记止有数字"，《宁波府志》中称此五字"非入室弟子，不以相授"。

在拳法特色上，"以静制动"当是内家拳法的最基本特色，以此有别于"其法主于搏人，而跳梁奋跃"的外家。从中国武术史的发展进程看，明清之际内家拳技术上形成的"以静制动"，实源于战国时期《庄子·说剑》里的"后之以发，先之以至"。在这方面，中华先人进行了长期的探索与积累，一直到明代俞大猷《剑经》中的"刚在他力前，柔在他力后；彼忙我静待，知拍任君斗"的"拍位"理论提出，标志着古代武术"以静制动"在实践与理论上的正式形成，内家拳则是在这一基础上的进一步发展与升华。需要说明的是，这里所谓的"静"，并非一般意义上的"静止不动"，而是指一种"伺机而动"的特殊状态。

明清内家拳法的另一特色就是《王征南墓志铭》里提到的"凡搏人，皆以其穴"，并记述了有一恶少为征南所击，数日不溺，后踵门谢过，方得如故的故事。关于这一点，黄百家也在"应敌打法色名若干"之后，附有"穴法若干"，传统武术中为人津津乐道的"点穴"功夫，在历史文献上也始见于此。对于传统武术中滥觞于内家拳"搏人以穴"的点穴功夫，很大程度上是传统思维方式下类比推理的一个典型事例，其文化之源是古代中医学中的针灸，针被类推为指，因而针灸也就被类推为点穴。黄宗羲，称征南"凡搏人，皆以其穴，死穴、晕穴、哑穴，一切如铜人图法"，表明了针灸与点穴之间的源承关系。但对敌技击时的点穴和中医临床针灸相比，两者的场景条件完全不同。故有人指出：在技术操作上，医师治病，可对病人从容按时取穴下针，而"两两相当"的"游动斗殴以制敌人则难"。严格意义上讲，任何人体生理部位被重击都可能致伤致残，尤其要害部位。《拳道中枢》的作者王芗斋说，"非有意点穴，而所至之处则无不非穴"。对于明清内家拳的点穴问题，有待于进一步的实证研究，但搏人"如铜人图法",清晰透现出中华武术与中医理论整合后在技艺上发生的精巧化变迁。

三 文化价值

明清时期的内家拳尽管在浙东地区至今依然有其流绪,然而,随着历史的变迁及全球化趋势的文化冲击,内家拳的拳理技法不断变异,昔日风采已难再现,正因为如此,它所具有的历史文化价值,值得今人珍视与继承。

(一)哲学实践

"反者道之动"是中国先秦时期道家学说的一个基本命题,其对古代武术的影响,可追溯到《庄子·说剑》篇,曰:"夫为剑者,示之以虚,开之以利,后之以发,先之以至"。正是在这种思想的影响下,中华武术经过长年的实践积累,终于继技法上追求"主于搏人"的少林拳之后,形成了在技法上讲究以静制动而"无可炫耀"的内家拳。《太极拳论》作者王宗岳曾言,"有力打无力,手慢让手快,是皆先天自然之能,非关学力而有为也"。因此,从"缁徒挺立如貔貅,袒裼攘臂贾余勇"的主于搏人(公鼐《少林观僧比试歌》)到"恂恂如儒者"的以静制动,反映了中国古代武术一个深刻的历史变化——拳理技法上的日趋精致。在技术特色上,主于搏人的少林武术体现的是一种外在的张扬,而以静制动的内家拳则是在此基础上,发展形成的一种精神与技术相结合后的内敛，从而彰显出中国道家哲学一贯强调的"柔弱胜刚强"的文化精神和民族智慧。

（二）医学贡献

从黄宗羲父子所记可知，明清之际在内家拳的拳理技法中，形成了"凡搏人，皆以其穴"的拳理技法特色，表明了传统武术一种前所未有的文化走向。武术，本来就是人体一种特有活动形式。在我国农业社会条件下，要认识阐发习武过程中的各种人体生理现象，并依据人体生理规律提高武技水平，中医学为此提供了一个唯一严密有致的人体生理模型，这应是内家拳为提高技击效果与铜人图法发生联系的内在动因。将人体经络穴位与克敌制胜的武术实践相结合，这应是明清时期内家拳对古代武术发展的一大贡献。

此外，内家拳还吸取了始于宋代的"八段锦"。黄百家记录的内家拳法里有"十段锦"之名，尽管百家当年费尽才思所诠释的"十段锦"如今已难以再现，但就"十段锦"的名称而言，无疑是受到了传统导引"八段锦"的影响。尤其是成稿于民国年间《剡源夏氏内家拳谱》中记录的"文十段"和"武十段"，更清楚地反映出与文、武八段锦之间的联系。当然,作为健身祛病的"八段锦"与旨在搏人制胜的内家拳"十段锦"有着各自的价值指归，但它与传统导引文化的结合，却为不争之事实。也许正是这一历史原因，《剡源夏氏内家拳谱》中才出现了诸如"贯气诀"之类的内容。

（三）武德相传

在武术史料中明确记载了对传承弟子的要求，当推明代峨嵋枪法传人程真如所言的"不仁者不与传"，从而正式提出了"谈玄授道，贵乎择人"的主张。同样，"择人而授"也是内家拳的传承门规。沈一贯的《搏者张松溪》中记述松溪曾被官府征召使教兵士，但被他拒绝，云"吾盟于师者严，不授非人"。稍后，黄百家记录的内家拳法中，提出了"五不可传"："心险者，好斗者，狂酒者，轻露者，骨柔质钝者"。"五不可传"内容并不复杂，除了最后一条为传承者的身体条件外，其余均指日常道德而言。注重习武者个人的道德品行，这是中国文化传统的规定使然，也是传统武术一贯的择徒底线。此后，传统武术这方面的要求更为具体。如清代《杨氏传钞太极拳谱》中列有"八不传五可授"，其名目与内容显然是在内家拳"五不可传"基础上的进一步延伸。

第四节　干支梅花

梅花拳是我国传统武术中的一个著名拳种，同时，也是有清一代在北方地区有着广泛影响的民间拳会组织。作为一个拳种，梅花拳有其自身的拳理功法和技术特点，至今衍传在广大民间习武群落中；作为一个拳会组织，烙有鲜明的教门文化印记。

一　梅花拳

拳名"梅花"，是梅花拳历代相传的一个重要文化符号，但"梅花"一词到底蕴涵了什么样的含义，至今说法不一。"梅花"一词在梅花拳中负载了特有的文化意蕴，而这种文化意蕴完全来自于梅花拳这一教门化拳会组织的文化浸润。傲霜斗冰的铮铮风骨，是梅花在历代中国人日常生活中成为审美对象的一个基本义所在。在传统武术中，不少套路或动作架式以此为名，正是这

种审美意识的反映。但是，当这种基本义的审美意识与某种宗教文化相结合时，"梅花"的审美图景变得复杂起来，于是就有了新的引申义。梅花拳中的"梅花"一词也不再是单纯的风骨赞美，而被赋予了"开道度人"的宗教情感，成为一个具有特定内容的宗教文化符号。

梅花拳内部有份《佛祖经》，该经的头两句就赫然写道："佛祖西域坐法台，治世干支梅花开"。显然，这里的"干支梅花"是作为其"治世"理念的一个象征。因为在经卷的作者看来，纷纷攘攘的世俗凡间，是一个极易迷乱人本性的社会，所以佛祖慈悲，屡屡派人下凡度人"归家"，故《佛祖经》云："面前有棵梅花树，梅花能收万道来。……开道法名为梅花，梅花能把人度开"，"开道法名为梅花，得了此道能成真"。文句的意义显然是把"梅花"一词作为对所修之"道"的一个释义，一个被符号化了的"佛性"象征。于是乎，在清代社会动荡、生存环境十分恶劣的乡土社会中，梅花拳的种种传文习武活动，也在很大程度上获得了一种传统乡土社会特有的宗教情感支持。有人将传播梅花拳叫作"传道"，为了"全心诚意普度众生"。这种带有强烈宗教情感的"梅花"意蕴，在"教门渊薮之地"的广袤华北乡村间，有着高度的认同感。

关于梅花拳的起始时间，典籍文献无征，

而民间传说纷纭，主要有西周说、春秋战国说及明末清初说三种。很显然，不管是西周说还是春秋战国说，尽管言之者凿凿，有的还记载在内部的抄件中，但都属故事传闻。因为梅花拳的形成，离不开中国武术发展的历史大背景，故明末清初说是比较符合实际情况的。至于梅花拳缘起与传承，据《根源经》所记：是明末李自成起义时，一位"西域天盘云城"（"天盘云城"本是民间教门传说中无生老母的居住地）的僧人将梅花拳传于江苏徐州铜山小尖山的张三省；清顺治三年，张三省传拳于沛县八里庄的邹家六兄弟，其中以老六邹正法的武技为最高；其后正法传技于河南开州蔡吉村的蔡兴道；康熙初，第四代传人蔡兴道收封州贯马营的张好学和南和县的郑守掌为徒；其后，封州悟辛庄（有的记平乡县八辛庄）的赵学义又拜张好学、郑守掌为师，而梅花拳的八辈传人、小架梅花拳师祖张从富是赵学义之徒，张又传南和县善友桥（有的记封州）的侯魁元；而邹鸿（宏）恩、邹鸿（宏）义则是邹氏门族的五世孙，河北的李进德、徐世德、孟友德和郑玉德一支，是为邹氏兄弟所传下。需要指出的是，以上所记有些内容（如人名、地名）并不确切。

二 源流探寻

梅花拳的形成与明代民间教门、尤其东大乘教关系密切，这从以下几个方面反映出来：

第一，梅花拳始祖的传说。关于梅花拳创始人，梅花拳第五辈传人杨炳的《习武序》中称是"收元老祖"，其内部抄件《三百六十处》说是始于"古佛"，《梅花拳秘谱》中记载是昆仑派祖师"云盘"。然而，无论是收元老祖还是古佛或云盘，都是明清时期民间教门信奉偶像"无生老母"的投影。值得注意的是，梅花拳内流传的《邹氏家谱》所记其一世为"法王老祖"，这为追寻梅花拳与明东大乘教关系提供了一条重要信息源。"法王"一名原为佛家用语，但自明代开始被民间教门吸收后，则成为对某些教首的封号，明嘉靖年间东大乘教教主王森即称"法王石佛"。无独有偶，除了《邹氏家谱》所记外，梅花拳的《根源经》中亦记有"拜法王，真佛祖，凡圣交参"的文句。梅花拳内有关法王的记述，在其他一些材料中也能见到。如《三时香》中有"焚香问心几叩首，清净宫里拜法王"之句，而《佛祖经》中亦曰"法王老祖下天盘，带领佛孙治人缘"。

第二，"梅花"一名的文化渊源。拳名"梅花"，是梅花拳历代相传的一个重要文化符号，然而，以梅花作为教门的文化标记早于明末时的大乘圆顿教已开始。该教教主原为"法王老祖"王森的一位张姓弟子，在清顺治九年（1652）《古佛天真考证龙华宝经》和清顺治十六年

(1659)《销释接续莲宗宝卷》中，该教的三宗五派、九干十八枝均以"红梅"为记，"有一红梅天然子，引领八家头续"。梅花拳的"梅花"与大乘圆顿教的"红梅"有何联系，目前尚无具体资料说明，但两者的文化渊源都维系着大乘教，这一点对进一步研究梅花拳缘起与东大乘教的关系无疑具有重要启示意义。

第三，梅花拳的文武场组织形式。文武场亦叫内功、外功（也有的称文掌门、武掌门）。从资料的记载情况看，文武场这一组织形式肇始于乾隆时期的清水教王伦，尽管王伦起义不久就被镇压下去，但文武场的组织形式为各地的教门、拳会所效仿，稍后天理教的文卦和武卦，青莲教的"教分文武，文斋武荤"等，名称不一，实质相同。由此可见，梅花拳内的文武场出现，本身就是一个在民间教门影响下而发生组织结构变化的典型事例，它在农耕社会中为梅花拳组织的凝聚、发展起到了作用，至今在梅花拳弟子中有着高度的认同。

关于梅花拳的组织形式除了文武场外，还有一个在各类梅花拳材料中屡见而一直被忽视的词，那就是"干枝"。这里的"干枝"习武者们往往习惯从梅花拳的技术层面来解释，认为梅花拳有五势，犹如五瓣梅花，故梅花拳又称"落地干枝五势梅花拳"。单就拳技而言，这样

 武术

的解释不能说毫无道理,但若以此来解释"治世干枝"的话,就根本无法洞见其底奥。干枝(有的材料作"杆枝"),原为清代民间教门的一种组织形式,如1817年清嘉庆帝就弘阳教案下发的谕旨中说:"红阳邪教共九干十八枝,一枝中又各自分派"。由于九干十八枝是教门的一种组织结构,因此历来被视为教中秘密而不能随意外泄。"九干十八枝"最早创于何教,已难以考究,目前看来,较早记有这一组织形式的是明代东大乘教的《皇极宝卷》,该经卷中有"立九杆,十八枝,将法开通"及"九杆一十八枝护教"之语。九干十八枝的组织形式对其他民间教门产生了深刻影响,并按各自需要有所变化。如有的教门依旧称"九干十八枝",有的则为"六枝杆"或"左右三枝"等。了解了这一点,那么《佛祖经》中"治世干枝梅花开"一语旨意就不难明白。

第四,梅花拳的拳谱、经卷。一般说来,一个传承有源的拳种门派或多或少总有一些拳谱功法之类的文本图籍。历史上有些深受教门文化影响的拳会组织,还存有一些教门内容的材料也在情理之中。但是,像梅花拳这样除了几本后来编撰的拳谱外,更多的还存留着大量历史流传下来的经卷、香理等材料,在众多拳会中可以说是绝无仅有。梅花拳内部的材料十

分庞杂，其中有的是来自其他教门的现成文本，有的是将别的教门经卷进行了增删而成，有的则为自己所编撰，反映出清代教门"每立一会，必出一经"的特点。据说，梅花拳内部的文献材料有"三宝"，即《皇极宝卷》《通天宝卷》和《万法归宗》。其中《通天宝卷》又名《通天书》，内容不多，《万法归宗》是民间教门中流通较广的一份材料，而《皇极宝卷》原为东大乘教经卷，全称是《皇极金丹九莲正信皈真还乡宝卷》，共分二十四品。梅花拳内流通的《皇极宝卷》其内容上已有所增演，添加了本门拳种的起源传说。另《根源经》《佛祖经》等，则是梅花拳自己编撰的经卷，内容上基本延续《皇极宝卷》而有所展开，构成了该拳门自身的文化语境，其中蕴涵了特定的文化信仰。

三 价值诉求

梅花拳的出现，既是宋明以后武术在民间大发展的使然，同时也与民间教门在明清之际发生的新变化密切相关。明清时期诸多教门一直被朝廷视为"邪教"，一直面临被打压、清剿的厄运。为了自身的生存与发展，不少教门开始利用当时在民间普遍开展的习武活动集结人群，以适应当时社会斗争的需要。因为练拳习武之人"缺少信仰的凝聚力，很难形成坚强的反抗团体"，而在社会矛盾冲突日益严重的情况下，缺少了武技支撑的教门，同样难以自我保护，"只有民间宗教与各类武术团体合流，反抗封建政权的浪潮才会急骤高涨。"（马西沙《清代八卦教》）其后，这种结合的走向越发明显，"始则念经聚会，敛钱哄骗，渐则散布邪言，学习拳棒，以致流为谋叛"。从各种资料来看，梅花拳就是这样一个从"念经聚会"的民间教门渐次演化成"学习拳棒"的拳会组织。

梅花拳无论在文化信仰，还是组织结构乃至活动方式上均与民间教门有着千丝万缕的联系，特别是与东大乘教的关系。明末清初，激荡的社会矛盾加剧了下层民众对宗教的皈依心理，接连不断的兵祸匪患使得那些光靠诵经祈福来自我安慰的教门难以自保，在这种情况下梅花拳形成了既具教门气息，又以"学习拳棒"为特色的拳会组织。梅花拳的这一形成背景及其组织特色在《根源经》和《佛祖经》等经卷中都有类似的记载。《根源经》中说："大地人，乱轰轰，走北走南；俱都是，在世上，争名夺利……坎坷到，崇祯王，末劫之年；出了个李自成，兴兵造反。普天下，乱轰轰，民遭涂炭"，字里行间充满了劫末乱世的可怕景象。这时候，佛祖化身凡僧降临尘世，在徐州遇见张三省，先是"施展妙法"退却闯王人马，继而在当地"立下文武教场，收徒讲道"。对梅花拳传播做出巨大贡献的是其传人邹宏义，他"将文武，有所改，得圣真传，传文武，度众生，化大为小。熔文武，于一炉，道破玄关；在世上，开武法，传留弟子"，故而"众弟子为报师恩，续法一炉为念，从此为六炉之始"。梅花拳将所传"文武"视同救度世人的"法船"，毫不掩饰地表露了其习文演武价值诉求的文化信仰。

梳理、廓清梅花拳与教门的渊源关系，并不意味着把梅花拳简单地认定为它是一个教门派别。作为一个拳门组织，梅花拳在历史上并没有沿着原有教门的活动轨迹向前滑行，而是具备了浓郁的练武风习和具体的习武内容，"开武法""溶文武"是梅花拳一个显著的组织特点。河北广宗县东召乡的梅花拳传人明确表示："有文没武不算梅花拳。"梅花拳的技击旨意符合前代农民那种卫身、抗暴的社会需要，《三百六十处》中写道："克胜强人须演武"。对习武的技击价值追求，在今天的梅花拳传承中依然有着高度的信仰认同，成为梅花拳"开道度人"价值诉求的基本内容。需要指出的是，如同中国传统武术在"内"与"外"关系上的落脚点最终指向"内"一样，梅花拳在"文"与"武"上的权重最后也在于"文"，武艺只是梅花拳集结人群向社会开辟道路的手段，只有文理妙法才是救度世人的要津宝筏。

四 功法活动

习武必须与功法训练相结合，这是中国传统武术中几乎所有拳种门派的一个特征，梅花拳的习武活动无疑深深烙上了这个文化印记。从现有的材料看，梅花拳的各种功法按其内容，基本可分为硬功和气功两大类别。

关于梅花拳的硬功活动，就目前见到的各种梅花拳谱及论著都介绍不多，据广宗县核桃园乡杨庄的梅花拳传人介绍，他们的习武活动中有打木桩、打沙袋及排打功等练功内容；又据山东梁山县的梅花拳传人所谈，他们的硬功练法中有铁砂掌和打沙袋等。值得一提的是，在广宗和梁山两地的硬功中有一种名为"金刚指"的功法，其习练中分几个步骤：一是须练内功心法以壮内，二是练中、食两指的抗击强度，三是用两指对准一米开外的灯光烟烛反复冲打，以练击打劲力。民国年间出版的《少林七十二艺练法》中记述的"一指禅"和朱霞天所著《拳乘》中介绍的"灯光手"与"金刚指"有异曲同工之妙。

有关梅花拳的气功活动，主要见于一些拳谱及经卷，带有浓郁的民间宗教特色。有清一代，气功是华北地区许许多多民间教门集众传道的普遍方式之一。这种气功活动无论是思想认识还是具体行为，都强烈地表现出某些民间宗教文化特色来。主要传播于冀、鲁、豫地区的梅花拳气功活动，不能不深受其影响。据20世纪80年代河南省有关梅花拳的整理资料，该省梅花拳的气功活动中有一"太阳功"，具体方法是，练功时须面对太阳，双脚按原地旋转，屏息运气，久练不辍，便有开砖碎石之功。太阳功是清代教门比较流行的功法，实际上就是我国古代练气法中"呼吸太阳"的进一步发展，一些清档材料中还留下了有关太阳功法的记载：每天早、午、晚三次分别向东、南、西三方太阳磕头，同时吐纳运气，一起一落为"一起功夫"，有的还要诵念经咒。可以断定，梅花拳内的活太阳功法，实际是前代教门或拳会组织习武中内外结合的一种遗痕。另外，"三大教护法内功"也是梅花拳内的一种重要功法，具体练功方法是：早晨6—8点、中午12—14点，面对太阳吐纳运气，希冀借外气以助内气，调动体内真气运行，以此增强自身的抗击能力，或许"三大教护法内功"本身就是"太阳功"的进一步衍化。

与上述"有开砖碎石"或企求"增强自身抗击能力"的气功不同，《根源经》中提到的"十步功"，是梅花拳另一种价值旨趣的气功活动。"十步功"又称"十步修行"。"十步功"本是民间教门气功中的重要功法，所谓"十步"，即"十个修炼过程"。追求十步圆满而回家归根，充分

反映出梅花拳气功活动的终极旨意。据说梅花拳的气功活动中还有这么几句话："莲为钥匙性为簧，无字真经法内藏。真性打开三簧锁，一条明路到家乡"。这里所指的"家乡"无疑是民间教门"八字真言"中的"真空家乡"，"三簧锁"就是一些教门材料中常说的"三道紫金锁"（又名"三道紫金箍"），只要"坐功运气功夫到了，开了紫金锁，魂能到天见佛"。再有，梅花拳的气功功理中还有这样几句话："见天地，和三光，百般景观；这乃是，身内道，显发外边"。这种"三三四"的用辞格式，是明清时期民间教门经卷中常见的格式，其内容，似乎也由《盘古不坏经》演化而来。其练功的价值旨意正如梅花拳内部《三时香》中所说的那样："十二时，不间断，逐力加工；忽一日，于深山，运柴提水；何（喝）一声，金身现，本性归空……还源（原）道，永续传，万代表明。"

清代，活跃于冀、鲁、豫地区的梅花拳及其教门化的文化特征，是由当时具体的社会条件和地域文化背景所决定的。它以自己的组织方式与活动内容，凝聚起了许许多多的习武者，不管是对当时的社会历史还是武术活动，都留下了难以磨灭的印记，同时也为我们把握传统武术的文化脉搏，提供了一个难得的人文景观。

参考文献

1. 司马迁：《史记》，上海：上海古籍出版社，1986年。

2. 调露子：《角力记》，北京：人民体育出版社，1990年。

3. 戚继光：《纪效新书》，上海：上海古籍出版社，1990年。

4. 程宗猷：《耕余剩技》，民国十八年吴兴周氏言言斋影印。

5. 吴殳：《手臂录》，太原：山西科学技术出版社，2006年影印。

6. 黄宗羲：《南雷集·学箕初稿》，涵芬楼《四部丛刊》民国时期版。

7. 张孔昭：《拳经拳法备要》，北京：北京师范大学出版社，1988年影印。

8. 苌乃周：《苌氏武技书》，上海书店1990年影印。

9. 陈鑫:《陈氏太极拳图说》,上海:上海书店出版社,1986年。

10. 沈寿编:《太极拳谱》,北京:人民体育出版社,1991年。

11. 尊我斋主人:《少林拳术秘诀》,北京:中国书店,1984年影版。

12. 孙禄堂:《拳意述真》,北京:中国书店,1990年影印。

后　记

　　伏案数月，一本大致能表达我对中国武术历史文化认识的小书终于画上了句号。该书的缘起大约在 2012 年 5 月中旬。一天中午，收到长春出版社编辑胡新先生发来的一个电子邮件，询问我能否承担由著名学者冯天瑜教授主编的《中华文化元素丛书》中《武术》一书的撰写任务，字数 10 万字左右，10 月底完成，要求是"追求较高的学术品位"，且图文并茂。鉴于社会上一些丛书类的武术论著品类驳杂，因此将武术学界的最新研究成果传向社会，使其"获得更广泛的社会意义"是本人 20 年前的一个呼吁，故尽管手头还忙于他事，然未暇细想就一口应诺。

　　但是，接下来区区 10 余万字的内容设计，却颇费斟酌：首先，博大精深的武术内容极为丰富，本书应集中反映哪些方面？其次，自 20 世

纪90年代以来,已有不少文化丛书把"武术"列入其中,本书如何在他人基础上有所突破?再次,如何将出版社要求的"道器结合,于形下之器中透现形上之道"与文本的可读性相结合,使其既要成为具有"长久生命力的品牌文化读物",又要避免流为不着边际的皮相之谈?因此考虑再三,概述的内容框架作如下安排:"绪论"部分是对武术本身的一个结构性叙说,指出人们记忆深处的"武术",可以说很大程度上是指浸润了数千年中华文化的传统武术而言;"第一章"是对先秦至明清武术萌芽、发展及繁荣的历史梳理,由此窥得武术的基本绵延脉络;"第二章"至"第五章"则就传统武术文化中的传承方式、习武阶段、基本拳理及道德伦理等进行逐一论述,希冀从中展现传统武术的文化魅力与价值所在;最后一章,因篇幅所限,故撷取了传统武术中具有较大历史影响的少林武术、福建南少林、浙东内家拳和梅花拳等四大拳种,围绕其历史文化进行介绍,旨在通过若干拳种以反映传统武术的一个侧面。上述六章内容,基于本人多年的学术积累,突出了下三个方面特点:

1. 避免泛泛而谈的平面介绍,把论述的主题集中在传统武术方面。在内容上,既有传统武术形成、发展的基本历史线索,又通过择徒拜师、习武方式与境界、习武原则等,多层面地展现与中华文化息息相关的传统武术基本情况。

2. 在具体论述中，既有对传统武术的一般介绍，也通过大量文献资料进行必要的理论分析；既有对传统武术价值的肯定，也对粘附的糟粕有所批判。

3. 文字表述偏于学术，但不作高深的诘屈之谈，注意在详略交错的叙说中展现传统武术的文化气象，加上与内容相配伍的百幅图片，希冀读者对中华的武术知识，有一个基本真切的了解与把握。

在当代国际社会竞争中，文化已成为衡量一个民族、国家综合实力的重要标尺。随着全球化进程的脚步，中华民族必将在国际舞台上扮演一个引人注目的角色，只有加强文化建设，夯实文化基础，才能坚定信心、实现民族振兴，才能焕发出中华民族的卓越创造力，积极参与国际间的文化竞争。素以"悠久、博大、深邃"著称的中华武术，拥有属于自己的文化理念与价值信仰。中华武术走向世界需要有"全球视野"，但不能因此失去具有自身"华彩乐章"的文化传统。民族文化一旦失去了传统的滋养，如同婴儿没有了母亲的乳汁哺育一样，难以健康生长。一个不属于西方文化体系的东方传统体育——武术，应当并可以按照自身的文化逻辑，在全球化的汹涌浪潮中坚持"和而不同"的中华精神，通过其智慧与实践,继往开来,与西方体育共同搭建起一座平等交流的文化立交桥,为提升中华民族在当今世界文化竞争中的综合实力,发挥积极作用,成为构建中华文化形象的一块重要基石。

　　鲁迅先生曾说过这么一句话:当我沉默的时候,我感到充实;当我开口的时候,我感到空虚。这话很符合此书完稿后本人的内心感受。若这本小书能为传统武术文化的传播及中华文化的弘扬起到一点"抛砖"的作用,则不负笔者撰写之初衷了。

周伟良
2016 年 10 月